死ぬまで使わない日本語

杉岡幸徳著
Sugioka Koutoku

Forest
2545
Shinsyo

まえがき

珍しい日本語を知ることの意義とは？

「鴆酒《ちんしゅ》」「猫《ねこ》の魚辞退《うおじたい》」「アハ体験」「竹夫人《ちくふじん》」「ぐりはま」「ブーバ／キキ効果」

――こういった言葉を日常的に使っている方は、あまりいないのではないでしょうか。

本書は、この種の珍しい日本語を集めて解説したものです。

日本語は非常に語彙《ごい》の多い言語なのですが、私たちがふだん使う言葉はごくわずかで、多くは使われないまま眠っています。

しかし、珍しい日本語を知ることにより、表現の幅が広がり、新しい世界が見えてくることがあります。

言葉にはそれぞれに物語やメロディーがあります。その言葉を通して、違う世界を覗《のぞ》き見、見知らぬ思想の息吹《いぶき》を感じることもできます。「矛盾脱衣」「かわひらこ」「動物園仮説」「ハイルブロンの怪人」「サイレン・ラブ」……こういった言葉から始まる映像やストーリーもあるのです。

私は前に、奇妙な漢字や四字熟語について本を数冊書いたことがあります。そのとき、この世には信じられないほど珍奇な漢字や四字熟語が存在することに驚きました。そして、「日本語そのものには、それ以上に奇妙で不可解な言葉があるに違いない」と思い、書き上げたのが本書です。

取り上げた言葉については、単に稀少《きしょう》で見慣れないものだけではなく、意外な意味があったり、言葉を通して新しい世界が見えてきたり、言葉の背後にドラマや歴史が隠されている言葉を主に選びました。

また、「使わない言葉」と「知らない言葉」はちがいます。かりに聞いたことがあっても、実際に使うことはまずない言葉は多くあります。また、真の意味が知られていなかったり、誤解されている言葉もあります。「金字塔」「女子」「ボランティア」「酒池肉林《しゅちにくりん》」「妙齢」「綺羅星《きらぼし》」などがそうですが、そういった言葉についても言及しました。

第1章の「見かけも意味も不可解な言葉」は、言葉じたいが理解不能だったり、超現実的な状況を描いている言葉――「人参で行水」「ラッコの皮」「ハイルブロンの怪人」などを選んであります。

第2章の「見ない・読めない熟語」では、普段あまりお目にかかれない漢字の熟語を取り上げました。

第3章の「知っているようで知らない言葉」は、聞いたことはあるが実際には使う機会がないもの、意味が誤解されているものを主に選びました。

隠語や業界用語を通して、その世界の謎や実態が見えることがあります。第4章の「意味がまったく想像できない隠語・業界用語」にはその手の言葉を集めています。

また、使いたい言葉が見当たらずに、「これなんて言うんだっけなあ」と困った経験はどなたにでもあるでしょう。第5章の「もやもやを言語化した言葉」ではそれの助けになりそうなものを取り上げました。ガードレールの端《はし》の丸まった部分、あれをなんと言うのか、すぐにわかる方はそれほどいないと思います。

第6章の「ほぼ絶滅したレトロな言葉」は、昔のビジョンや人間の息遣《いきづか》いが蘇《よみがえ》ってくるような古い言葉を選びました。

第7章の「見かけや意味が色っぽい言葉」は、文字通り妖艶《ようえん》で色気のある言葉、そして一見セクシーに見えても、実は真剣な意味あいのある言葉を選んでみました。

第8章の「日常の景色が雅《みや》びになる言葉」では、美的かつ文学的な言葉、そして公家《くげ》の使っていた言葉を取り上げました。

第9章の「別世界の扉を開く言葉」は、その言葉を通して、ここことは違う別世界の光景を見つめられる言葉を取り上げました。

これらの言葉を通して、日本語の豊饒《ほうじょう》さ、そしてこの世界の多面性や可能性を感じていただければ幸いです。

杉岡 幸徳

死ぬまで使わない日本語　もくじ

ブックデザイン　山之口正和＋齋藤友貴（ＯＫＩＫＡＴＡ）
本文デザイン・ＤＴＰ　フォレスト出版編集部
著者エージェント　アップルシード・エージェンシー

凡例

●本文では見出し語にあたる日本語と意味、そして解説を入れ、適宜、用例や例文を付記している。

●用例は過去の文学作品などに見出し語が使用された例とその出典。

●例文は筆者が見出し語でつくった使用例。

●各章における見出し語の順番は、属性の似ている言葉同士を近くに並べたこと以外は、読者のセレンディピティ（偶然の出会いによる産物）に期待し、ランダムに並べている。

●引用や用例などの旧仮名遣いは適宜現代仮名遣いになおし、ルビを振った。

●見出し語や解説、用例の中には、現代の社会通念に照らすと差別的な言葉が登場するが、当時の感覚や過去の歴史認識を伝えるために、そのまま使用している。差別的表現を広める意図はない。

見出し語　解説

行徳の俎　ぎょうとくのまないた

意味 馬鹿で擦《す》れていること

行徳《ぎょうとく》とは、現在の千葉県市川市の地名である。ここでは昔は馬鹿貝《ばかがい》がよく獲《と》れた。だから、行徳の俎は馬鹿で擦れている、という洒落《しゃれ》である。

用例 どうせ僕などは行徳の俎と云《い》う格だからなあ（夏目漱石『吾輩は猫である』）

飲食之人　いんしょくのひと

意味 本能だけで生きている人

「飲食の人」だから、飲食業界で働いている人……かと思うとまったく違う。「飲ん

第1章

見かけも意味も不可解な言葉

風馬牛　ふうばぎゅう

意味　互いに無関係なこと

古代中国の歴史書『春秋左氏伝《しゅんじゅうさしでん》』に出てくる言葉。

「風」とは「さかりがついて雌雄《しゆう》が呼び合う」という意味。もとは、「さかりのついた馬や牛でも出会うことができないほど遠く離れていること」で、それが転じて「互いに無関係なこと」を指すようになった。

しかし、古代のいかめしい歴史書に「さかりのついた牛や馬が互いに熱く求めあい……」などと真面目に書いてあるのが面白い。

用例　夫の苦悶煩悶《くもんはんもん》には全く風馬牛で、子供さえ満足に育てれば好いという自分の細君に対すると、どうしても孤独を叫ばざるを得なかった（田山花袋『蒲団』）

猫額大　びょうがくだい

意味　とても狭いこと

狭いことのたとえとして「猫の額」と言うことがあるが、これの漢字だけの熟語があるとは驚きだ。しかし、「猫の額のように狭い」という表現はよくわからない。そもそも猫に額という概念があるのだろうか？

用例　山田足利梁田《やなだ》三郡合して戸数二万の上に多く出ざる猫額大の地より（横山源之助

『日本の下層社会』）

虎に翼

とらにつばさ

意味　強いものにさらに力が加わること

NHKのドラマで有名になってしまった言葉。出典は中国の古典である『韓《かん》非《ぴ》子《し》』だったとは意外だ。「虎に翼をつけてはならない。虎は飛んで村の中に入り、人を捕まえて食べてしまうだろう」とひどいことが書かれている。それにしても、虎に翼が生えた姿は想像するとなかなかシュールで、かわいらしい。

猫は虎の心を知らず

ねこはとらのこころをしらず

意味　つまらない人間には立派な人の考えがわからないこと

「猫は虎の心を知らない」——確かにそうかもしれないが、そんなことを言ったら、虎も猫の心を知らないだろう（たぶん）。こんなことわざをつくられて、虎も猫も迷惑しているはずだ。

ラッコの皮

らっこのかわ

意味　他人の意見にすぐなびく人のたとえ

ラッコと言えば、背泳ぎしながらお腹の

ラッコは背泳ぎが好き

上に石を載《の》せ、貝を石に打ちつけ殻を割って食べ、夜になると体に海藻を巻きつけて眠る、あのかわいらしい動物である。

ラッコの毛皮はとても柔らかく、撫《な》でつけると自由になびく。このことから、他人の意見にすぐなびく人のことを「ラッコの皮」というようになった。ラッコには何の罪もないのだが。ラッコの皮は柔らかいので高級品として愛され、各地で乱獲されたので、絶滅に瀕《ひん》してしまったのに、この仕打ちは何だろう。

なんと室町時代にはすでに存在した言い回しだ。

用例 是等《これら》はらっこの皮な者共也（『古文真宝彦龍抄』）

臘虎膃肭獣猟獲取締法
らっこおっとせいりょうかくとりしまりほう

意味 ラッコとオットセイの捕獲などを規制する法律

なんなんだ、これは……。

よくこれほどややこしい漢字を集めたものだ。中国の何か怪しい法律かと思ったが、実はこれは日本の法律で、現在も有効なのだ。

臘虎膃肭獣猟獲取締法は「らっこおっとせいりょうかくとりしまりほう」と読む。ひらがなで書くとさらに意味不明なのだが、これはラッコとオットセイの捕獲などを規制する法律なのだ。臘虎は「ラッコ」、膃肭獣は「オットセイ」と読むのである。

こんな法律と漢字を覚えねばならない法律家は本当にすごい、尊敬に値する……と思ったが、後にこんなことがわかった。参議院法制局のウェブサイトに載せられていたコラムでは、膃肭獣は「おっとつじゅう」と読む、と誤って解説されていたのだ。法律家の道は険しいのだろう。

止め足　とめあし

意味　ヒグマなど野生動物の足跡が突如途《と》絶《だ》えること

雪山を歩いていると、ヒグマの足跡を見つけた。その跡を恐る恐る追っていくと雪の中で足跡が突然途絶えたのだ。これは超常現象か。ヒグマはどこに消えたのか――。

これは「止め足」である。もちろん、ヒグマが空へ飛んで行ったり、消滅したりしたのではない。自分の足跡を辿《たど》りながら後ろに歩き、ある程度行ったところで横に飛んだのだ。これで、あたかもヒグマが虚空《こくう》に消えたような錯覚を与える。

これはヒグマなどの野生動物が冬眠前や

敵に追われたときなどにとる戦法だ。追跡者をまくための攪乱《かくらん》作戦なのだ。時には、足跡が残らないように倒木《とうぼく》の上を歩いたり、川の中を進んだりする。ひょっとして、奴らは人間より賢いんじゃないか。

猫の魚辞退
ねこのうおじたい

意味 本当は欲しいのに遠慮したふりをすること

猫の前に魚を出してやる。猫は顔を近づけてしばらく臭いを嗅《か》ぐが、やがて顔を離して横を向いてしまう。

よく見る光景かもしれない。猫は野生味の強い動物なので、なかなか本心や表情を露《あら》わにしないのだが、これがいかにも「本当は欲しいのにやせ我慢していらないふうを装っている」ように見えてしまう。猫の本心はなかなかわからないから、猫からしたらいい迷惑かもしれない。

月夜の蟹
つきよのかに

意味 中身がないことのたとえ

月の夜には、蟹《かに》は月光を恐れて餌《えさ》を探しに出てこないので痩《や》せていて身がない——という言い伝えから、転じて中身がない、からっぽなことを意味している。

ぐりはま

意味　手順や結果が食い違うこと

「はまぐり」をひっくり返した言葉。冗談ではなくて、実在する語である。平安時代から行われている、はまぐりを使った貝合わせという遊びから来たという。

また、「ぐれる」(不良になるの意)はこの「ぐりはま」から来たという。この「ぐれる」から「愚連隊《ぐれんたい》」「半グレ」といういかがわしい言葉が生まれたのだから、アホらしい「ぐりはま」も馬鹿にはできないのだ。

「蛤《はまぐり》」を一八〇度ひっくり返した「〓《ぐりはま》」という、これまた冗談のような漢字もある。江戸時代の戯作者・式亭三馬《しきていさんば》の書いた『譃《うそ》字尽《じづくし》』に出てくる。

用例　おめえ達の奇談は、いつでもぐりはま、とんちんかんだから(仮名垣魯文『西洋道中膝栗毛』)

鮑の片思い

あわびのかたおもい

意味　自分は相手が好きなのに、相手はその気がない恋

鮑には片貝しかないが
個人の責任ではない

「片思い」を洒落《しゃれ》ていうとこうなる。

鮑《あわび》は一見すると、二枚貝が貝がらを一枚失ったようだからこのようにいう。実際には

鮑は巻貝《まきがい》の一種で、貝がら一枚だけで好きに生きているのだから、余計なお世話である。

こたつでフグ汁

こたつでふぐじる

意味 やっていることが矛盾していること

現代ではそんな感じはあまりしないが、「こたつ」は健康にいいことを意味している。そのこたつに入りながら、毒が入っているかもしれないフグ汁を飲んでいるのだから、やっていることが矛盾していることを表している。フグが孕《はら》むテトロドトキシンは青酸カリの千倍近くの毒性があり、しかもこの毒は煮ても焼いても消えないのだから、そりゃ危険だろう。

下総の炒り倒れ

しもうさのいりだおれ

意味 下総の人は炒り豆を食べ過ぎて破産すること

「京の着倒れ、大阪の食い倒れ」という言葉は有名だ。「京都の人は着物に金をかけて、大阪の人は食べ物に金をかけて身上を潰《つぶ》す」という意味だが、この手の言葉は全国にある。

「紀州の着倒れ水戸の飲み倒れ尾張《おわり》の食い倒れ」「大阪の食い倒れ堺《さかい》の建て倒れ尼崎は履《は》いて果てる」「桐生《きりゅう》の着倒れ足利《あしかが》の食い倒れ」「阿波《あわ》の着倒れ伊予《いよ》の食い倒れ」「甲

州の着倒れ信州の食い倒れ」――などときりがない。

「下総の炒り倒れ」という妙なものもある。下総とは現在の千葉県の北部あたり。このあたりは豆が名産なので、下総の人は炒った豆に金をかけ過ぎて破産するという意味なのだが、いくら何でもこれはホラだろう。炒り豆で破産するためには、いったい何粒食べないといけないのか。健康にも悪過ぎる。あまりに無理やりだ。

人参で行水
にんじんでぎょうずい

意味　最高の治療をすること

人参を風呂桶《ふろおけ》に入れて行水しても痛いだけだろう。この人参とはカレーライスに入れる人参ではなく、朝鮮人参のこと。朝鮮人参は長らく薬として使われてきたが、非常に貴重で高価だった。そんな朝鮮人参を煎《せん》じたものを行水に使うほど、金に糸目をつけず最高の治療を施《ほどこ》すという意味だ。

やかんで茹でたタコ
やかんでゆでたたこ

意味　手も足も出ないたとえ

「手も足も出ない」ことのたとえだが、よく考えるとやかんの注ぎ口からタコも足の一本くらいは出せるだろう。やかんでタコを茹《ゆ》でるときには気を付けていただきたい。

行徳の俎 ぎょうとくのまないた

意味 馬鹿で擦《す》れていること

行徳《ぎょうとく》とは、現在の千葉県市川市の地名である。ここでは昔は馬鹿貝《ばかがい》がよく獲《と》れた。だから、行徳の俎は馬鹿で擦れている、という洒落《しゃれ》である。

用例 どうせ僕などは行徳の俎と云《い》う格だからなあ（夏目漱石『吾輩は猫である』）

飲食之人 いんしょくのひと

意味 本能だけで生きている人

「飲食の人」だから、飲食業界で働いている人……かと思うとまったく違う。「飲んだり食べたりしかしない人」のことである。中国戦国時代の『孟子《もうし》』に出てくる言葉で、そこには「飲食の人は世間から軽蔑される」ときついことが書かれている。

オタンチン・パレオロガス

意味 まぬけ

人を罵倒《ばとう》するときこそ、その人の品性や教養が試されるだろう。いつまでも「バカ」とか「死ね」では芸がなさすぎる。さらりと「このオタンチン・パレオロガスめ！」くらいは言ってみたい。

これは夏目漱石の『吾輩は猫である』に出てくる言葉。苦沙弥《くしゃみ》先生が妻に「それだから貴様はオタンチン・パレオロガスだと云《い》うんだ」と罵《ののし》るのだ。妻はその意味がわからず、「オタンチン・パレオロガスの意味を聞かして頂戴」と迫るのだが、苦沙弥先生は「うるさい女だな、意味も何にも無いと云うに」とごまかしてしまう。

「おたんちん」とは江戸の吉原の言葉で、嫌な客を指し、「まぬけ」という意味。ところで、東ローマ帝国の最後の皇帝をコンスタンチヌス・パレオロガスという。これと「おたんちん」をかけて、「オタンチン・パレオロガス」と言ったのだ。ナンセンスなジョークである。東ローマ帝国の歴史にまで精通していないと理解できない、深遠な罵倒語なのだ。

ジャーゴン　jargon

意味　ある集団だけに通じる特殊な用語。

意味不明な言葉

競馬をまったく知らない人が競馬新聞を読んでも、ほとんどが意味不明だろう。競馬用語のように、ある特殊な集団にしか通じない専門用語をジャーゴンという。また、「ちんぷんかんぷんな言葉」も意味する。第8章で取り上げた公家言葉も、一種のジャーゴンに違いない。

こういう特殊な用語は、集団の結束を固めるのに役立つ。ジャーゴンを知らない人はそのグループに入っていけないし、グループ内の人間も、自分たちだけしかわからない言葉を喋《しゃべ》ることによって、選民意識や結束力を強めるのだ。

欠け字 かけじ

意味 一部を省いた漢字

「𠀉」という不思議な漢字がある。「丘」に似ているが、丘ではない。これは丘の欠け字だ。

欠け字とは、高貴な人に敬意を表するために、一部を省略した字のことだ。「丘」は孔子《こうし》の諱《いみな》なので、孔子の諱を書くとき以外はこの「𠀉」を用いたわけだ。

ぎなた読み ぎなたよみ

意味 文章の区切りを間違えて読むこと

昔々、ある人が本を読んでいるとき、思わず「弁慶がな、ぎなたを持って」と読んでしまった。

「ぎなた」とは何なのか。誰でも理解に苦しむだろうが、これは「弁慶が、なぎなたを持って」を読み間違えたのだ。

この話から、文章の区切りを間違えて読むことを「ぎなた読み」という。このパターンはいろいろある。「ここではきものをぬいでください」（ここで、履き物をぬいでください／ここでは、着物をぬいでください）、「ふろにはいるかはいらないか」（風呂に入るか、入らないか／風呂には、イルカはいらないか）などだ。
普通は、風呂にはイルカはいらないだろう。

おちゃっぴい

意味 女の子がおしゃべりで目立ちたがりなさま

ochappyという響きはまるで英語のスラングのようだが、純然たる日本語である。「お茶挽《ちゃひ》き」という言葉から来たとされる。昔、遊女は客がつかないときは、臼《うす》でお茶の葉を挽く仕事をさせられていたからだ。客がいなくて暇だから、きっとすさまじいおしゃべりが飛びかっていたのだろう。

例文 おちゃっぴいな女の子には大変魅力がある。

強蔵　つよぞう

意味 精力の強い男

人名のように見えるが、そう見えるのは当然で、「精力が強い男」を人名のように表しているのだ。読み方は「ごうぞう」ではない。

生中　なまなか

意味 中途半端なさま／なまじっか

どうしても「なまちゅう」と読んでしまい、冷えた中ビールジョッキの爽《さわ》やかさや居酒屋の喧騒《けんそう》を思い浮かべてしまうが、読みは「なまなか」である。中途半端なさまを指している。

用例 彼《あれ》も生中学問なんかさすよりも百姓が宜《よ》かったかも知れん（徳冨蘆花『黒潮』）

痴／烏滸／尾籠　おこ

意味 馬鹿げたこと

前に「激おこぷんぷん丸」という言葉が流行語になったことがあった（関係ないが、「激おこぷんぷん丸」が一発で変換できるのが恐ろしい）。この場合の「おこ」とは「怒る」という意味だが、ここで取り上げる「おこ」はちがう。漢字では「痴」などと書き、「馬鹿げたこと」を指す古い言葉。「おこの人」「おこの国」などというように使う。怒っている人、怒れる国という意味ではない。

それにしても、現代において「おこなの？」と聞かれると、ものすごく腹が立つのはなぜか。

例文 おこの者が激おこぷんぷん丸になってしまった。

弥の明後日　やのあさって

意味 あさっての翌々日／あさっての翌日

明後日は二日後である。そして明後日の二日後を弥の明後日という。「弥」とは「ひさしい・ますます」という意味。

ややこしいのが、地域によっては弥の明後日は「明後日の翌日」を指すのだ。これでは食い違いが出てきて大変なことになりかねない。ビジネスなら崩壊してしまうかもしれない。だから、無風流だが初めから「三日後」などと言ったほうがいいかもしれない。

たたらを踏む

たたらをふむ

意味　勢いあまってから足を踏む

階段を上っていて、もう一段あると思ったのに、実はなかった。そのときに不覚にもから足を踏んでしまった情けない体験が誰でもあるかもしれない。

たたらとは、製鉄のときに足で踏んで空気を送り込むふいごのこと。これを踏んでいるときの様子が、から足を踏んでいるさまとよく似ていることから、こんな言葉が生まれた。情けない体験のために、先人がわざわざ言葉をつくっておいてくれたのだ。

用例　私はなんとなくたたらを踏んだが（三浦哲郎『十五歳の周囲』）

一日九回

いちじつきゅうかい

意味　深く悲しみ悶《もだ》えるさま

一日九回って、何を九回するんだ、何かの健康法なのかと思うかもしれない。

これは、「一日に何度も腸がねじれるほ

ど悲しみ悶《もだ》えるさま」だ。字面《じづら》と意味が全然違うかもしれない。九回とは正確に九回ではなく、「何度も」という意味。とても古い言葉で、紀元前中国の歴史家・司馬遷《しばせん》の手紙の中に出てくる。

エピゴーネン　Epigonen

意味 模倣者。亜流

ドイツ語の Epigone の複数形。意味は「亜流・パクリ」なのに、響きはなんだかごつい怪獣のようで偉そうだ。ギリシャ語の epigonos（後に生まれた者の意）が語源。

用例 僕は、猿真似とは言わなかった筈《はず》だが。エピゴーネン、いや、イミテーションと言ったかしら（太宰治『渡り鳥』）

ペダンチック　pedantic

意味 衒学《げんがく》的な。知ったかぶり

衒学的な、という意味。衒学とは「学を衒《てら》う」ということで、細かい知識に必要以上にこだわり、見せびらかすさまである。もっとも、学問とはそういうもので、衒学的ではない学者は学者と呼べない気もする。

ディレッタント　dilettante

意味 学問や芸術を趣味的に愛する人／半可通《はんかつう》

もとは英語やフランス語で「学問や芸術を趣味的に愛する人」という意味だが、よく考えるとこれは「オタク」とほぼ同じ意味だ。オタクよりも、ディレッタントというほうが偉そうに聞こえるので、こちらを使ったほうがいいだろう。

竹夫人　ちくふじん

意味　暑いときに抱いて寝る竹籠《たけかご》

中国などでは昔、あまりに暑いときは竹夫人という竹で編んだ円筒形の籠を抱いて寝た。こうすると風が通って涼しいからだ。「竹夫人」の呼称はいかにも風雅だが、ほかにも「竹婦《ちくふ》」「竹奴《ちくど》」などというすごい呼び方がある。英語ではbamboo wifeなどという。

実を言うと、竹夫人は今でも通販で買おうと思えば買えるので、その道の人は試してみるといいだろう。

暑い夜に抱いて寝る

用例　天にあらば比翼《ひよく》の籠《かご》や竹夫人（蕪村）

とっぱ

意味　無茶をする者。はねっかえり

元ヤクザで作家の宮崎学氏が半生を綴《つづ》った『突破者』という本がある。とっぱ（突破）

とは無茶をする者、はねっかえりという意味だ。戦国時代の忍者のことを「とっぱ」「すっぱ」というが、そこから来たのだろう。

用例 信州わたり突破《とっぱ》の内次郎坊と云る坊主の突破有しが（『武家名目抄』職名部）

ファムファタル
femme fatale

意味 男を破滅させる女

フランス語で「運命の女」という意味で、男を破滅させる女を指す。男を色香《いろか》で誘惑し、翻弄《ほんろう》し、魅惑し、そして破局へと導くのだ。

預言者ヨカナーンの首を斬《き》り落とし、その唇にキスをしたサロメ、唐という一大帝

ヨカナーンの首を斬り、キスするサロメ（ビアズリー画）

国を衰亡へと導いた楊貴妃《ようきひ》、男から男へと身をひるがえし踊り歩くカルメン——などがそれにあたる。創作物にはしばしば現れる存在だ。

日本語で言うと「さげまん」が少しこれに近いが、あまりにも俗っぽすぎるだろうか。

免許維持路線

めんきょいじろせん

意味 極端に便数の少ないバス路線

京都には、一年に一本しか走らないバス路線がある。しかも、片道だけだ。京都バスの95系統がそれで、春分の日にだけ大原から鞍馬《くらま》まで走る。

一年に一本しか走らないのだから、実質的に生活には使えない。誰も乗っていないのだろう――と思いきや、当日大原のバス停に行くと長蛇の列ができていて、とても一台のバスでは捌《さば》ききれず、増発バスを出すほどの人気なのだ。珍しいバスだと聞いて、各地から多くのバスマニアが乗りに来るわけだ。

このように、極端に便数の少ないバス路線を「免許維持路線」という。一年に一本はやりすぎだとしても、一日に二本程度といった路線は各地にある。私の家の近くにも一日一本しかないバス路線があり、なぜこんなバスが走っているのか（ほぼ走っていないのだが）、不思議だった。もちろん乗る機会はまるでない。

なぜこういうやる気がなさそうなバス路線が存在するのか。それは、利用客が少ないからと言って簡単に廃止してしまったら、復活させるのが大変だからだ。バス路線をつくるにはさまざまな許可申請が必要である。だから、すぐに路線を廃止させず、とりあえず一日一本だけ走らせておいて、「ほら、この路線は廃止していませんよ。たまたま本数が異常に少ないだけです」というアリバイ工作をするわけだ。

江戸べらぼうに京どすえ

えどべらぼうにきょうどすえ

意味 江戸と京の方言の特色を述べたもの

「べらぼう」は江戸言葉で「ばか」のこと、京の人は文尾《ぶんび》に「どすえ」をつけて話す。

この手のことわざはほかにもある。「長崎ばってん江戸べらぼう」「大阪さかいに江戸べらぼう」「長崎ばってん、江戸べらぼう、神戸兵庫のなんぞいや」などだ。

耳の穴から指突っ込んで奥歯ガタガタいわせたる

みみのあなからゆびつっこんでおくばがたがたいわせたる

意味 耳の穴から指を突っ込んで奥歯をガタガタいわせてあげるということ

関西人なら誰でも知っている言葉で、関西人はこの言葉を聞くと震え出すという。そりゃ「耳の穴から指を突っ込まれて奥歯をガタガタ」いわせられたら、たぶん痛いだろう。

一九六〇年代のコメディ番組「てなもんや三度笠《さんどがさ》」で藤田まことが演じたあんかけの時次郎の決め台詞《ぜりふ》として知られている。あくまでこれはコメディ劇でのセリフなので、実際に「耳の穴に指を突っ込んで奥歯をガタガタいわせる」のは健康に良くないから、やめておいた方がいいだろう。

ウチナータイム

意味 沖縄のゆるい時間感覚のたとえ

沖縄ではとても時間の感覚が緩《ゆる》く、たとえば七時から飲み会を設定しても時間通りには誰も来ず、全員が集まったときにはすでに九時を過ぎていた——といった話はよく聞く。

ウチナー（沖縄）ではテーゲー主義（いい加減なこと）がよしとされ、「なんくるないさー」（なんとかなるさ）と細かいことを気にしない傾向にあるからだ。一九六四（昭和三十九）年に制定された那覇市民憲章には「時間を守りましょう」とわざわざ書かれているほどだ。

ウチナータイムの存在の理由の一つとして、沖縄には長らく鉄道がなかったことがいわれている。列車は時間通りに発車するが、それに乗る必要がないのなら、時間を守る必要もないからだ。——しかし、鉄道大国であるインドは沖縄以上に時間にテーゲー主義なので、この説が本当かどうかわからない。

時間感覚の緩さを表す言葉はほかにもある。福岡県の「博多時間」、宮崎県の「日《ひゅう》向《が》時間」、鹿児島県の「薩摩《さつま》時間」、宮城県の「仙台時間」などだ。

滋賀県人いじめると水道が止まる《しがけんじんいじめるとすいどうがとまる》

意味 滋賀県人をいじめると京都や大阪の水道が止まるということ

滋賀県人が大阪人や京都人に馬鹿にされると「琵琶湖の水、止めたろか」と反撃に出ることで知られている。琵琶湖から流れ出る水を止めてしまうと、淀川や宇治川の水が激減するからだ。

もっとも、実際に琵琶湖の水を止めてしまうと、琵琶湖から水があふれだし、周囲は大浸水を起こしてしまう。捨て身の覚悟で水を止めるしかなさそうだ。

デラシネ déraciné

意味 故郷や祖国を失った者。根無し草

フランス語のdéraciné（根こそぎにされたの意）から来た言葉。日本語の「だらしねえ」に似ているので情けなく聞こえるのだが、意味は「故郷を失った者」だから、どこかハードボイルドで格好いい。

幽霊名字《ゆうれいみょうじ》

意味 実在するのかどうか定かではない名字

一九六〇年代のある日、一人の男がある証券会社を訪れ、驚くほど大量の株を注文した。しかも、「銀行を通したくないのですべて現金取引で」と言うのだ。

社内で誰一人知らない男である。あまりに怪しすぎる。社員がおそるおそる「申し訳ありません、あなたはどなたですか?」と聞くと、男は一枚の名刺を差し出した。そこにはこう書かれていた――「𱁬」(上右)。

「たいと」、「おとど」と読む

この𱁬という漢字は八十四画もあり、もっとも画数の多い漢字と言われている。「たいと」または「おとど」などと読むという。𱁬という字体もある(上左)。

問題は、この話がどこまで本当で、「𱁬」という名字が本当に実在するのかわからないということだ。実在するのかよくわからない名字のことを「幽霊名字」という。

幽霊名字はいろいろあり、多くは名字の研究者のミスから生まれるという。

たとえば、「競《わたなべ》」という名字が名字事典の類《たぐい》に載っている。

だが、どう考えても「競」を「わたなべ」とは読めないだろう。これは、もとは「渡《わたな》辺競《べきおう》」というフルネームで、どういうわけか「競」が「わたなべ」と読むのだと勘違いされたらしい。

似た例として、「阿南登《あなん》」がある。どう見ても「阿南登」の三字で「あなん」とは読めないだろう。これは「阿南登《あなんのぼる》」というフルネームを勘違いしたもののようだ。うかつすぎる。

諱　いみな

意味　本名

諱とは中国や日本での生前の実名のこと。もとは、生前の名前を死後は口にしない風習から生まれたのだが、後には生前でも本名を口にしないようになった。

自分の本名を隠しておき、公にしないという風習は世界中に見られる。名前には一種の魔力があり、その持ち主と深いところでつながっているという考え方があったのだ。中国でも、呪術《じゅじゅつ》の対象とされることを避けるため、本名を隠しておくという習慣があった。

現代の日本では、多くの人がインターネットにおいて本名を出さず、ハンドルネームを使っているが、背後に同じ発想があると私は見ている。実名を出す恐怖があるのかもしれない。人間の意識は、数千年程度で変わることはない。

素数ゼミ　そすうぜみ

意味 素数の年数の周期で大量発生するセミ

二〇二四年は当たり年だった。二種類の素数ゼミが、同時に羽化して活動をしたのだから。

素数ゼミとは、北米で十三年または十七年ごとに出現するセミのこと。十三と十七は素数なので、素数ゼミと呼ばれる。二〇二四年は、この十三年ゼミと十七年が同時に活動した年なのだ。十三と十七の最小公倍数は二二一だから、こんなことは二二一年に一回しか起こらないのだ。もっとも、起こってほしい人はあまりいないだろう。

二〇二四年に現れた素数ゼミの数は一兆匹という計算もある。かりにこれらのセミを並べると、二五四〇万キロメートルにもなり、地球と月を三十三往復してしまう。またセミの鳴き声が異様にやかましく、その音は百デシベル、つまりジェットエンジンと同じくらいの騒音になるという。北米では、大量のセミが空を雲のごとく覆《おお》い、抜け殻や死骸が地面に落ちて滑りやすくなるなど、日常生活に支障をきたすほどだったという。

世界五分前仮説

five-minute hypothesis

意味 世界は五分前にできたという仮説

文字通り、この世界は今から五分前にで

きたという仮説。哲学者のバートランド・ラッセルが提唱したことで知られる。

「何を言っているんだ、おれは三十年前の子どものころに遊園地に行った記憶があるぞ」と反論するかもしれない。しかし、そういう記憶も込みで、世界は五分前に造られたのだ。

「平安時代の書物もあるし、恐竜の化石だって残っているじゃないか」——だから、そういう書物や化石も込みで、五分前に造られたのだ。

この仮説を論破することは、非常に難しい。何を言っても「そうやって世界は造られたんだよ」ですまされるからだ。この仮説を通して、私たちの信念や信条などというものがいかにもろく曖昧《あいまい》なものなのか、わかってくる。

もっとも、この説をわざわざ論破してやる必要はないのかもしれない。「世界は五分前に……」などと言ってくる輩《やから》には「しょうもないことをゴチャゴチャ言うな、ボケ！」と一喝《いっかつ》してやるのが一番効くのかもしれない。

矛盾脱衣　むじゅんだつい

意味　寒い環境の中で服を脱ぐ異常行動

冬山で遭難した人が発見される。遺体は雪に埋もれている。しかし、その遺体は、なぜか服を脱いで全裸の状態だったのだ。

このように、極寒の環境の中なのに、人間が服を脱ぎ始めるという不可解な現象がある。これを矛盾脱衣（paradoxical undressing）という。直訳すると「逆説的な脱衣」だ。

矛盾脱衣のメカニズムはまだよくわかっていないのだが、アドレナリンによる幻覚作用だとか、体温調節中枢の麻痺《まひ》による異常代謝だとか言われている。

一九五九年二月に旧ソ連のディアトロフ峠で起きた二十世紀最大の謎と呼ばれるディアトロフ峠事件でも、なぜか雪の中から服を脱いだ遺体が発見されている。

ホモソーシャル

homosocial

意味 同性だけの社会的つながり

ときおりホモソーシャルなる語を聞くことがある。これは「女性を排除し、男性だけでつくられた社会的つながり」を意味することが多く、たいていは否定的な意味あいで用いられる。

しかし、本来の意味はそうではない。homoとはもとはギリシア語で「同じ」という意味だ。反対語がhetero（ヘテロ）である。だから、homosocialとはもとは「同じものによる社会的つながり」を指す。つまり女性のホモソーシャルも当然あるわけだ。女子会や女子校などは、典型的なホモソーシャルと言えるだろう。

いつのまにかホモソーシャルは「男性の

みの社会的つながり」を意味し、否定的に使われるようになってしまったが、そこには何か隠された意図はないだろうか。

フラットアーサー

flat earther

意味 地球は球体ではなく平面だと信じる人

二十一世紀になっても、いや二十一世紀になったからこそ、地球は丸くなくパンケーキのように平たいと信じている人々が大勢いる。彼らをフラットアーサー（地球平面論者）という。

　彼らの主張はおおむねこうだ。地球が丸いというのは嘘で、本当は平面である。大地の周囲には高い氷の壁がそびえ立っていて、これがいわゆる南極だ。この壁に誰かが登って落ちたりしないように、ＮＡＳＡは二十四時間体制で監視している。

　天は巨大なドームで覆われている。いわゆる宇宙は存在しない。我々が見ている月や太陽と称するものは、ただのホログラムであり、光の編《あ》み出した幻影だ。月という星も存在しないので、アポロが月に行ってきたという話は、もちろん捏造《ねつぞう》である。ときおりＮＡＳＡが宇宙空間から地球を写した写真と称するものを発表しているが、あれらはすべて偽造である。

　馬鹿らしいと思うかもしれない。しかし、フラットアーサーは世界中に広がり、アメ

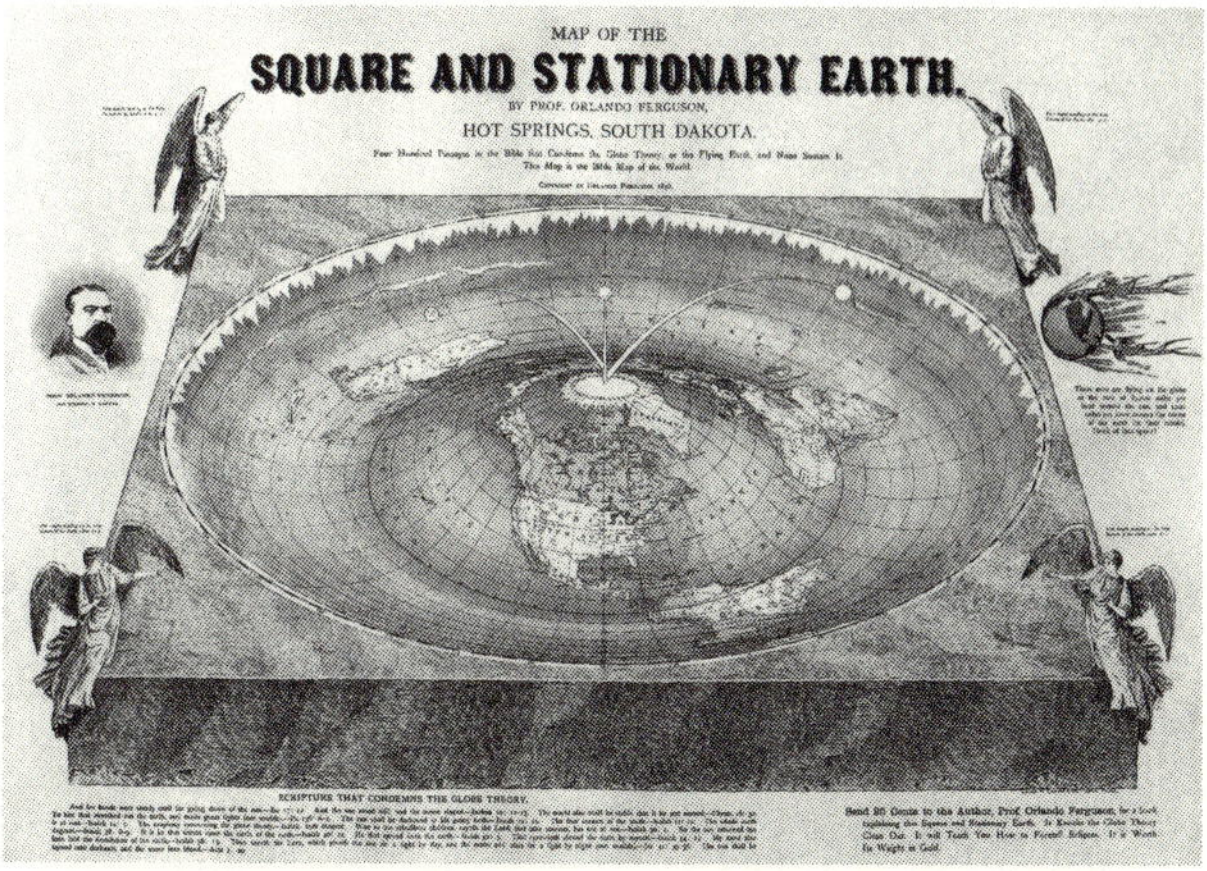

19世紀に描かれたフラットアースの絵（ファーガソン画）

リカ人では六百万人ほどがフラットアーサーだとも言われているから、あまり笑ってもいられない。根底には、科学や権威に対する不信感や反感があるに違いない。

　フラットアーサーに出会っても、論破してやろうとしたり、地球球体論に改宗させてやろうなどとはしないほうがいいだろう。間違いなく失敗するから。かつてアメリカにウィルバー・ヴォリヴァというフラットアーサーがいて、「私に地球が丸いことを証明し説得できた人には五千ドル進呈する」と豪語したが、誰一人成功しなかった。どんな証拠を持ち出しても、先方は認めないのだから当たり前である。

世界緊急放送

せかいきんきゅうほうそう

意味 全世界で流れるとされる、悪を亡ぼしユートピアの到来を告げる放送

インターネットの一部の人々に信じられている放送。

ある日、突然、世界中でインターネットが遮断《しゃだん》される。街には戒厳令が敷《し》かれ、兵士と戦車が覆いつくし、人々は外出を禁じられる。全世界のテレビはホワイトハット（正義の勢力）によりジャックされ、ドナルド・トランプがこれまでディープステート（影の政府＝悪の勢力）が行っていた悪事を暴露し、糾弾する。この放送は八時間のものが一日に三回繰り返され、十日間続くことになる。

……何が何だかわからないかもしれない。だいたい、書いている私もよくわからない。インターネットで言われていることを、そのままとめただけだ。言ってる人々もたぶんわかっていないだろう。とにかく、こういう放送が世界中で流され、悪の勢力はすべて処刑される。善良な人類は真実に目覚め、悪の軛《くびき》から解き放たれ、愛と光に満ちたユートピアの世界が到来することになる——。

これが本当なら、すばらしいことなのかもしれない。だが、不思議なことに、「緊急放送」と言いながら、ここ何年も「何月何日に世界緊急放送が来る」という予言が

毎日のように流されるだけで、いっこうに本物の世界緊急放送がやって来ない。なかには、二十年も世界緊急放送を待っているという豪《ごう》の者もいる。「いったいどこが緊急なのか」というのは、野暮すぎる突っ込みだ。

　このお話は、「ハルマゲドン（世界最終戦争）の後に神の千年王国がやって来る」という『ヨハネの黙示録』の内容に似ていることに気づかれるかもしれない。

カンガルーコート

kangaroo court

意味　つるし上げ。人民裁判

kangaroo court は直訳すると「カンガルーの裁判所」だ。ユーモラスにも聞こえるが、意味はまったくユーモラスではなく、つるし上げや人民裁判を指す。

　語源は二つの説があり、一つはカンガルーが飛び跳ねるように裁判が不規則かつとんとん拍子に進むからというもの、もう一つはカンガルーの棲《す》むオーストラリアは大英帝国の流刑地《るけいち》だったからというものだ。

　まったくの余談だが、中国語でカンガルーのことは「袋鼠」という。「袋のネズミ」だ。カンガルーよりは感じが出ている。

エレファント・イン・ザ・ルーム

elephant in the room

意味　気づいてはいるが触れたくない問題

elephant in the room は直訳すると「部屋の中の象」だ。なぜ部屋の中に象がいるのか？ シュールな光景である。

これは、「気づいてはいるが触れたくない問題」を意味する。部屋の中に巨大な象がウロウロしている。誰もがわかってはいるが、あえて気づかないふりをして生きているのだ。コミカルな情景である。

フィリバスター filibuster

意味 長々と演説して法案成立を阻止すること

filibuster の語源はオランダ語の vrijbuiter（海賊の意）で、おもにアメリカ上院で長々と演説して議事を妨害し、法案の成立を阻止することを意味する。アメリカでのフィリバスターの最長記録は、一九五七年に公民権法案の成立を妨害するためにストロム・サーモンド上院議員が行ったもので、二十四時間十八分にも及ぶ。

フィリバスターはアメリカではおおむね容認されている。上院議員の発言時間は原則的に無制限だし、フィリバスターは少数派が多数派に譲歩を迫るための手段だからだ。これがなければ、多数派の支持する法案はなんでも機械的に通過してしまい、少数派の言い分が通る機会はなくなるかもしれない。それは一種のディストピアである。

もっとも演説といっても、法案に関する

ことだけを喋らなければならないわけではない。憲法を初めから最後まで朗読したり、

フィリバスターで議事妨害する議員（映画『スミス都へ行く』より）

歌の本や料理のレシピを延々と読みあげてもかまわないのだ。言論の自由は保障されているからだ。日本で言うと「牛歩戦術」などがこれに似ているかもしれない。

とはいっても一九七五年からは、フィリバスターをすると宣言して議場にいるだけで、演説しなくても演説したとみなされるので、本気で延々と演説し続ける豪の者は少なくなっている。

なお、フィリバスターの世界記録は二〇一六年に韓国で打ち立てられたもので、三十八人の議員が寄ってたかって演説し、九日間もかかっている。

ディプロマミル diploma mill

意味 学位や称号を簡単に出す団体

diploma mill は直訳すると「卒業証書製造機」で、簡単に学位や称号を出す団体を言う。アメリカでは連邦政府による大学認可制度がないので、この手の業者が跋扈《ばっこ》している。

多くは次のような特徴がある。〈学位が金で買える〉〈ろくに出席しなくても学位が取れる〉〈キャンパスがどこにあるのか不明で私書箱しかない〉〈非伝統的で革新的な教育を施していると吹聴《ふいちょう》している〉〈有名大学とよく似た名前である〉……いかにも怪しげなものばかりだ。

このような商法が通用するのは、就職や箔付《はくづ》けのために学位が必要な人々がいるからだ。つまり、学歴信仰がなくならない限り、ディプロマミルもなくなることはない。ディプロマミルは中国では野鶏大学（野良の鶏の大学）と呼ばれている。なかなか趣《おもむ》きのある言葉だ。

ウェルテル効果 Werther effect

意味 有名人の自殺が報道されることにより自殺者が増える現象

一七七四年に発表されたゲーテの『若きウェルテルの悩み』は、青年ウェルテルが友人の婚約者であるシャルロッテに叶《かな》うことのない恋をしてしまい、絶望して自殺するという小説である。

この本はたちまちベストセラーになり、ヨーロッパ中で読まれた。そして、恐るべき社会的現象を引き起こした。ウェルテルの真似をして自殺する者が続出したのだ。

――この話から、有名人の自殺が報道されることにより自殺者が増える現象をウェルテル効果と呼ぶ。（ちなみに、Werther はウェルテルというよりは、実際の発音は「ヴェアター」が近い）

ウェルテル効果は、世界中で確認されている。日本でも、一九〇三（明治三十六）年に旧制一高の学生だった藤村操《ふじむらみさお》が「万有の真相は不可解」という遺書を残して日光の華厳《けごん》の滝に身投げした後、後追い自殺が続出したことが知られている。

『若きウェルテルの悩み』は、ゲーテ自身

ロッテと抱き合うウェルテル（ホドヴィエツキ画）

の失恋経験をもとに書いた小説である。彼はこれを書くことにより、自殺の誘惑を断ち切った。その結果、彼自身は自殺することなどなく、八十二歳まで生きた。ゲーテはウェルテルを殺すことにより、自らは生き延びたのである。

ハイルブロンの怪人

Heilbronner Phantom

意味　ヨーロッパを十五年以上さまよっていたと考えられていた凶悪犯

ヨーロッパを一人の怪人がさまよっている――ハイルブロンの怪人が。

二〇〇七年、ドイツのハイルブロン市で一人の女性警官が射殺された。現場に残されていたDNAを鑑定すると、恐るべきことがわかった。それは、一九九三年からドイツ、フランス、オーストリアで起きた四十件もの殺人・強盗・麻薬取引の現場に残されていたDNAと一致したからだ。

その犯人は女性であり、東欧やロシアなどの出身で、多言語を操《あやつ》るものだと推測された。ほとんどゴルゴ13並みの知性と神出鬼没さを持つ犯罪者である。ドイツ警察はこの凶悪犯を「ハイルブロンの怪人」と呼び、三十万ユーロ（約四千七百万円）もの懸賞金をかけて国際指名手配にした。

しかし、不可解なことが起きた。二〇〇九年二月、ドイツのザールブリュッケンで少年が窃盗のために学校に侵入する事件が起きたのだが、そこからもハイルブロンの怪人のＤＮＡが検出されたのだ。また、フランスで発見された亡命希望の男性の焼死体からも、ハイルブロンの怪人のＤＮＡが発見された。

これはおかしい。ハイルブロンの怪人は女性ではなかったのか？　この怪人は性転換者ではないか、という憶測まで流れた。

そして、ようやく真相が明らかになった。これらの事件のＤＮＡ鑑定で使われた綿棒は、同じ業者から納入されていて、ハイルブロンの怪人のＤＮＡは、そこで働いていた女性のＤＮＡと一致したのだ。といっても、この女性が凶悪犯罪者だったというわけではない。綿棒を梱包《こんぽう》するときに、この女性のＤＮＡが付着してしまったというだけだったのだ。

この事件についてドイツの有力紙は「戦後のドイツ警察の歴史でもっともお粗末だ」と批判している。みながＤＮＡ鑑定や科学を簡単に信じ込むと、こういう訳のわからない事態が引き起こされてしまう。科学を信仰するのも、ほどほどにしておいたほうがいいだろう。

代理ミュンヒハウゼン症候群

Munchausen syndrome by proxy

意味　子どもを病気にしたり負傷させたりして、健気《けなげ》に看病して周囲の同情や

注目を集めようとする精神疾患

ミュンヒハウゼンとは、十八世紀に出版された『ほら吹き男爵の冒険』という小説の主人公で、いろいろ大げさなほら話をする人物だ。代理ミュンヒハウゼン症候群という言葉はこのほら吹き男爵から来ている。

代理ミュンヒハウゼン症候群の者は、わざと子どもを病気にする。体温計を操作して高熱を出したようなふりをする。不必要な薬を飲ませて中毒にさせたり、怪我をさせたり、窒息させたりする。

代理ミュンヒハウゼン症候群の者は、子どもの母親に多い。そして、「病気」になった子どもをかいがいしく看病し、周囲から「なんて健気で優しい母親だろう」と思われることを望むのだ。

この病気を見つけるのはとても難しいという。周囲の者は「まさかこんな健気な母親が子どもを虐待したりしないだろう」と思い込むからだ。代理ミュンヒハウゼン症候群による子どもの死亡率は、極めて高いことが知られている。

ストックホルム症候群

Stockholm syndrome

意味　誘拐事件や監禁事件の被害者が犯人に共感や愛情を抱く現象

一九七三年八月二十三日、スウェーデンの首都ストックホルムで一人の男が銀行に押し入り、四人の職員を人質にして立てこもった。

立てこもりは五日間に及んだ。この事件は生中継されたが、外部からの電話に応じた人質女性の言葉に人々は衝撃を受けた。

彼女はこう語ったのだ――「犯人は少しも怖くありません。怖いのは警察です。私は犯人を信頼しています。ここでは大変うまくやっているんです」

つまり、人質は犯人に好感を持ち、信頼すら感じていたのだ。最終的に犯人は投降して人質は解放されたのだが、その後も、被害者たちは警察に非協力で、犯人をかばったのだ。

この事件から、ストックホルム症候群（Stockholm syndrome）という言葉が生まれた。

誘拐や監禁事件の被害者が、犯人に共感や愛情を抱いたり、警察に敵意を向けたりするような現象である。人間の心理の一筋縄ではいかない複雑さを物語っている。

トリレンマ

trilemma

意味 三重苦／三つの好ましくない選択肢から一つを選ばねばならない窮地《きゅうち》

ジレンマ（dilemma）という言葉はご存じだろう。二つの好ましくないことの板挟《いたばさ》みになることである。しかし、この世で好ましくないことは二つとはかぎらない。三つある事態も当然あるので、そのような状況をトリレンマ（trilemma）という。

trilemmaはギリシア語のtri（3）とlemma（前提）の合わさったもの。dilemmaのdiはギリシア語で「2」という意味である。

モキュメンタリー

mockumentary

意味 ドキュメンタリーの手法でフィクションの世界を描いた作品

モキュメンタリー（mockumentary）という どこか不気味な言葉は、英語のmock（まがいもの）とdocumentary（ドキュメンタリー）を組み合わせたもの。ドキュメンタリーの手法で虚構の世界を描いた作品のことである。

インターネットの動画配信サービスを油断しながら観ていると、低予算でつくった安っぽいモキュメンタリーがうんざりするほど押し寄せてくる。

モキュメンタリーの有名な例が、一九三八年にオーソン・ウェルズが手がけたラジオドラマ『宇宙戦争』だろう。これ

ウェルズの『宇宙戦争』は社会的パニックを引き起こした

は、ニュース放送という形式で火星人が地球に侵略してくる様子を伝えたので、それを真に受けてパニックになった人々が出たと言われている。

それにしても、「ドキュメンタリーの手法で虚構の世界を描く」というなら、すべてのニュースはモキュメンタリーだと言えるかもしれない。現実を映像や文字にした時点で、それはもはや現実ではなく、ただの映像や文字にすぎないのだから。

やくざ踊り　やくざおどり

意味　ヤクザの格好をして踊る踊り

むちゃくちゃな言葉だ。

やくざ踊りとは、戦後の農村で流行《はや》ったもので、ヤクザの格好をして流行歌に乗せて踊る踊りである。ヤクザと言っても、パンチパーマにアルマーニのスーツで踊るのではない。着物を着て菅笠《すげがさ》をかぶった時代物のヤクザの格好である。すぐに歴史から消え去り、やくざ踊りという言葉はわずかな文献にしか残っていない。

なゐ

意味　地震

古語では大地のことを「なゐ」と言った。地震のことは「なゐ揺《ゆ》る」「なゐ振《ふ》る」などと言っていたのだが、いつのまにか「なゐ」だけで地震を表すようになってしまった。

第2章

見ない・読めない熟語

逐電　ちくでん

意味　逃げて行方《ゆくえ》をくらますこと

「何かを充電すること」と誤解する方もいるかもしれないが、正しい意味は「逃げて行方をくらませること」。「電」は訓読みで「いなずま」で、逐電の本来の意味は「いなずまを追うこと」である。逃げてるくせにかっこよすぎる。

晦渋　かいじゅう

意味　言葉や文章が難しく意味がわかりづらいこと

「晦《かい》」は「よくわからない」という意味。「かいじゅう」という響きは、いかにも難しくて困っているという感じがする。また、「ちんぷんかんぷん」はほぼ同じ意味だが、こちらだと一気に頭が悪くなった気がする。

誰何　すいか

意味　呼びとめて名前を問いただすこと

単に「呼びとめて名前を聞くこと」なのだが、それだけなのに、「誰何」と聞くと、突如古い戦場に連れていかれ、錆《さ》びた青銅の鎧《よろい》に身を固めた衛兵に呼びとめられたような気分になるのはなぜか。

例文　竹下通りでかわいい女の子を見かけたので、思わず誰何してしまった。

陶然　とうぜん

意味　うっとり酔いしれること
「陶《とう》」は陶器の陶だが、「陶酔」の陶でもある。「うっとりする」という意味あいがある。

韜晦　とうかい

意味　自分の本心や才能を隠すこと
「韜《とう》」は難しい字だが、「弓を包む袋」という意味で、転じて「包み隠す」。「晦《かい》」はこの場合は「くらます」という意味。自分の才能や本心をあえて押し隠した、クールかつ陰湿な態度といえるだろう。本心や才能はかまわず剥《む》き出しにしてほしい。そのほうが安心できる。
用例　何故《なぜ》貴女は自分をそれ程まで韜晦して居《い》られるのか（有島武郎『或る女』）

胡乱　うろん

意味　でたらめで怪しいこと
「胡」とは、古代中国における北方や西方の異民族を指す。「胡乱」は、胡が攻めてきた時、住民が慌てふためいて逃げ出したことから来たという説もある。
それにしても、「胡」はよくわからない字だ。「異民族」の意味だけではなく、「でたらめ」「あごひげ」「長生き」「いずくんぞ」

など、およそ支離滅裂な意味を持つ字である。胡乱すぎる。

退嬰　たいえい

意味 しりごみすること。消極的のこと。「嬰《えい》」とは「みどりご」とも読み、赤ん坊のこと。「退嬰」は、赤ん坊のように引きこもっている様子を表現しているのだろう。

用例 卑怯《ひきょう》らしく退嬰の態度を見せることが（森鷗外『青年』）

蹉跌　さてつ

意味 つまずくこと。挫折《ざせつ》

「砂鉄」ではない。「蹉《さ》」も「跌《てつ》」も「つまずく」を意味し、「蹉跌《さてつ》」で挫折《ざせつ》や失敗を意味する。

石川達三の有名な小説『青春の蹉跌』は、司法試験に合格した野心家の男子大学生が、資産家の令嬢と結婚することになったのだが、かつて付きあっていた女に妊娠したと告げられ、その女を殺すことを決意する……という内容だ。実際の事件に基づいた小説である。ラストに恐るべきどんでん返しがあるので、暇な方は読んでみてほしい。この世のなにもかもが信じられなくなるかもしれない。

殷賑　いんしん

意味　にぎやかで活気に満ちていること

どこか淫靡《いんび》な響きのある語だが、意味は全然違う。「殷《いん》」は「盛ん」という意味。「賑《しん》」は「にぎわう」という意味だ。

用例　駅の中に殷賑な商店街があって（内田百閒『特別阿房列車』）

怯懦　きょうだ

意味　怖気《おじけ》づいて気が弱いこと

「怯《きょう》」は「おびえる」、「懦《だ》」は「弱い」の意味。怯懦で「怖気づいて気が弱いこと」。時代小説に使えそうな語だ。

例文　わしのカポエイラの術の前に怯懦したか。

干戈　かんか

意味　武器。戦争

「干《かん》」は「たて」で、「戈《か》」は「ほこ」。「矛盾」とほぼ同じ構造の言葉だが、矛盾という意味はまったくなく、そのまま「戦争」を意味する。「戦争」よりはるかに画数が少なく省エネになるので、こちらのほうをおすすめしたい。

用例　十に余る大国は（略）相《あい》闘って干戈の止む時が無い（中島敦『弟子』）

桎梏　しっこく

意味 自由を束縛すること

「桎《しっ》」は罪人にはめる「足かせ」、「梏《こく》」は「手かせ」。比喩《ひゆ》的に「自由を束縛すること」の意味で使われるが、本来はそのまま罪人の逃亡を防止する拘束具のことだ。

空茶　からちゃ

意味 茶菓子なしでお茶だけ出すこと

「空茶」で「お菓子を出さずに茶だけを出すこと」を指す。しかし、いちおう茶は出しているのだから、「空」とはあんまりではないか。論理的に何かおかしい。

裨益　ひえき

意味 助けになり役に立つこと

「裨《ひ》」とは「おぎなう・助ける」という意味。裨益で「助けになって役に立つこと」を意味するようになる。

狷介　けんかい

意味 頑固で他人と妥協しないこと

「狷《けん》」は心が狭いこと。「かたいじ」という訓読みすらある。「介《かい》」は「固いもの」。魚介の介である。なんとなく意固地な年寄りくさい言葉だ。

指嗾　しそう

意味　指図《さしず》してそそのかす

「嗾《し》」はそそのかすということ。指嗾で「指図《さしず》してそそのかすこと」。あまり良い意味では使われない。「しぞく」と読むのは誤読だ。

用例　日本人が土匪《どひ》を指嗾したのではなかろうかなどと疑惑を挟《はさ》んだ者があった（桑原隲藏『支那猥談』）

懶惰　らんだ

意味　なまけて怠《おこた》ること

「懶《らん》」も「惰《だ》」も、「なまける」という意味。この二つのやる気のない漢字を合わせると、意味はやはり「なまけて怠ること」になるしかない。なお、手を抜いて「らいだ」と読むのは間違いである。

嫋娜　じょうだ

意味　しなやかでたおやかなさま

「嫋《じょう》」も「娜《だ》」もしなやかという意味だ。また、同じ漢字をつなげた「嫋嫋《じょうじょう》」という言葉もあり、これは「風が吹き木が揺れ動くさま」を表現している。

例文　俺はその嫋娜な女の腰を抱いた。

窃視　せっし

意味 ひそかに盗み見ること

「窃盗」という言葉は誰でも知っているが、「窃視」という語もあり、意味は「盗み見る」。「窃《せつ》」は盗むという意味だ。なお、窃の旧字は「竊」という何だかよくわからない混乱した字である。

惑溺　わくでき

意味 何かに夢中になって本心を見失うこと

「惑《わく》」はまどう、「溺《でき》」はおぼれるの意味。「惑溺」で何かに夢中になって本心を見失うことを意味する。「溺」は耽溺《たんでき》、溺愛の溺である。

例文 国王は美しい踊り子に惑溺され、国そのものを投げうってしまった。

俚言　りげん

意味 俗世間の言葉。方言

「俚《り》」は「ひな」とも読み、「田舎臭い・俗っぽい」という意味。「俚言」は「俗世間の言葉・方言」という意味である。なお、「俚医《りい》」という言葉もあり、これは「やぶ医者」ということだ。

荊棘　けいきょく

意味　いばら／障害になるもの

「荊《けい》」はいばらのこと。「棘《きょく》」はいばらやとげの意味。「荊棘」でいばらのこと、障害になるものを指す。なお、荊棘はそのままで「ばら」とも読める。

鉄火　てっか

意味　気性が激しいこと

「鉄火」は、もとは真っ赤に焼けた鉄のことを意味し、そこから主に女性の気性が激しいことを指す。

博打《ばくち》を打つ会場を鉄火場《てっかば》というのは、雰囲気が荒々しく殺気立っているからだろう。下手したら全財産がかかっていたりするのだから、当然だろう。博打にのめり込んでいる方ならよくわかっているはずだ。

マグロを巻いた巻きずしを「鉄火巻き」というのは、博打をしながら簡単に食べられるから、鉄火場で出していたことに由来するという。

没義道　もぎどう

意味　人の道を外れて冷酷なこと

本来は、まことの道（義道）がない（没）ということだ。

しかし、「モギドウ」とはいかにも古臭

く時代がかった響きだ。それに「没」を「モ」と読むのも不自然だ。本当は、「無義道」が転訛《てんか》したものだとも言われている。

例文 没義道な行いをする野郎は、このおれが許しはしねえぜ。

彳亍　てきちょく

意味 たたずむこと

「行」ではない。「彳」と「亍」が分裂した言葉で、悪ふざけではなく実在する熟語。「彳《てき》」は左足の意味で、「亍《ちょく》」は右足の意味。「彳亍」で「たたずむ」という意味になってしまう。

例文 雨の降りしきる街角に彳亍し、僕は彼女を待ち続けた。

烏有　うゆう

意味 何もないこと

「烏《いずく》んぞ有《あ》らんや」の意味で、「何もないこと」を指す。

「烏」は不思議な漢字で、「からす」「いずく-んぞ」だけではなく、「くろ-い」とも読む。なお、嘆息するときの「ああ」も「烏乎」と書くことができるから、便利な字である。

例文 せっかく畑に種を播《ま》いたのに、すべて烏有にほじくりかえされ、烏有に帰した。

径庭　けいてい

意味　へだたり

「径」は小道のことで、「庭」は広場のこと。「径庭」でへだたりという意味になる。

用例　いかに粗雑な眼も、見逃すことは出来ない径庭が在《あ》るのです（宮本百合子『偶感一語』）

鬱勃　うつぼつ

意味　意気盛んなさま

「鬱《うつ》」はもちろん「憂鬱」の鬱で、「うちにこもる」ということ。「勃《ぼつ》」は妖《あや》しげな字だが、「にわかに起こる」という意味。鬱勃は「憂鬱」とはかなり違う意味で、「意気が盛んなさま」ということになってしまう。

なお、余談だが勃は「勃牙利（ブルガリア）」の略でもある。ブルガリアに行く予定の方は、覚えておくと現地で役に立つはずだ。

蠱毒　こどく

意味　ひそかに毒を盛って人を害すること

「蠱《こ》」とはいかにもまがまがしい字である。「皿」の上に虫が三匹もいて、這《は》いまわっているのだ。「蠱毒《こどく》」は、もとは「皿に虫がついたまま食べて腹の中に虫が入る」という意味である。

揺曳　ようえい

意味　揺れながらなびくこと

「曳《えい》」はもとは「引く」という意味。「揺曳」で「揺れながらなびくこと」である。なお、雲がたなびくさまを「曳曳《えいえい》」という。

蓬髪　ほうはつ

意味　ボサボサに乱れた髪

「ボサボサに乱れた髪」のことを「蓬髪」というが、「蓬《ほう》」とはヨモギのことである。つまり「ヨモギのように乱れた髪」という意味なのだが、ヨモギという草を見ていても、そんなにボウボウに生えているようには見えない。もっと乱れて狂った頭の人はいるだろう。

なお、同じ意味の言葉に「おぼとれ髪」という不気味な響きのものもある。「おぼとる」とは「乱れ広がる」ということ。

嚆矢　こうし

意味　物事の始まり

中国では、戦争が始まるときに嚆矢という矢を射る風習があった。

嚆矢は日本語ではかぶら矢ともいい、これはかぶらという中空で球形の物体を矢につけたものだ。かぶら矢を射ると、かぶらが鳴り響いて大きな音を立てる。これが戦争の始まりの合図となったのだ。ここから転じて、物事の始まりや先駆けを嚆矢というようになった。

盈虧　えいき

意味　月の満ち欠け／栄えたり衰えたりすること

またもや複雑な漢字が二つ。「盈《えい》」は満ちるという意味で、「虧《き》」は欠けるという意味。あわせて月の満ち欠け、または物事の栄枯盛衰を表している。

憫笑　びんしょう

意味　あわれみ笑うこと

「憫《びん》」は「あわれむ」という意味で、憫笑はあわれんで笑うということ。「憫憫《びんびん》」という妙な響きの言葉もあり、意味は「あわれんでうれえるさま」だ。

科挙　かきょ

意味　中国で行われていた官吏登用試験

科挙は、六世紀から二十世紀まで中国で行われた官吏登用試験である。

たとえ身分が低くても試験で優秀な人材を取り入れるという志は立派だったが、結果的にすさまじい受験地獄を招くことになった。試験は泊まり込みで一週間近くかかり、合格するまで五十年もかかった者もいた。あまりのプレッシャーに精神がおかしくなったり、自ら命を絶つものも続出した。試験の内容は古典に偏《かたよ》っていたため、新しい才能や精神が現れるのを阻害してしまった。

宋（11世紀）の科挙の風景

科挙は天子《てんし》の独裁権力を強化することに役立った。しかし、その一方で科挙に失敗した者が不満を募らせ、反乱を起こすこともあった。黄巣《こうそう》の乱を起こした唐の黄巣、太平天国《たいへいてんごく》の乱を起こした清《しん》の洪秀全《こうしゅうぜん》は、どちらも科挙の失敗者だったのだ。権力を守るために始められたはずの科挙の受験者が、結果的に権力に刃《やいば》を向けてしまったのである。

螻蟻　ろうぎ

意味　小さくてつまらないもののたとえ

難解な字だが、「螻《ろう》」はケラで、バッタ

やコオロギの仲間。「蟻《ぎ》」はアリである。螻蟻で、小さくてつまらないもののたとえとなる。ケラだってアリだって勝手に生きているはずなのに、小さくてつまらないと誹謗《ひぼう》中傷するのはどうだろうか。「狼虎《ろうこ》」(オオカミとトラ)とは眩《まばゆ》いほど対照的な語だ。

残心　ざんしん

意味　武芸で動作の後でも緊張を保つ心構え／心残り

剣道では、相手に打ち込んだ後もそのままではなく、相手の反撃に備えなければならない。弓道では、矢を放った後で「さて、終わったから帰ってゲームでもするか」と帰り支度するのではなく、射《い》た後の反応も見ておかねばならない。こういう武芸の心構えのことを残心という。

わからないような、わかったような話だが、そもそも武芸の神髄を言語で表すのは困難なのだろう。

ノ乀　へつほつ

意味　船などが揺れ動くさま

ただの模様ではない。本当にある熟語である。「へつほつ」と読み、船などが揺れ動くさまを意味する。「ノ《へっ》」は「右から左に曲がる」ことを意味する漢字。「乀《ほっ》」は「左から右へ曲がる」を意味する。そのままずぎるだろう。人を舐《な》めている。

琴瑟　きんしつ

意味　夫婦の仲が良いことのたとえ

「琴《きん》」は楽器の琴のことで、「瑟《しつ》」は「大きな琴」を意味する。「琴瑟相和《きんしつあいわ》す」という慣用句があるが、これは琴と瑟の音が溶け合い、美しい調べを奏でるという意味で、夫婦の仲が良いことのたとえである。

偕老同穴　かいろうどうけつ

意味　夫婦の契《ちぎ》りが固いこと

「カイロウドウケツ」という不思議な生物がいる。これは、海底に住む海綿生物だ。ガラスの繊維で編まれた籠《かご》のように優美な生物で、中にドウケツエビというエビが棲《す》むことで知られている。

ドウケツエビは雌雄《しゆう》二人きりでカイロウドウケツの中に入り、一生そこから出ることはない。

このカイロウドウケツは「偕老同穴」という熟語から来た名前で、「ともに老い、同じ墓穴に入る」がもとの意味である。

なお、カイロウドウケツは英語ではVenus' flower basket（ビーナスの花籠《はなかご》）という信じがたいほど典雅《てんが》な名前で呼ばれている。

一生、ガラスで編まれた籠の中から出ることがなく暮らす二人の男女。美しくも憐《あわ》れな光景なのだが、われわれ人間も一生を地球の表面にへばりついたまま、宇宙へは羽ばたくことができずに過ごすのだ。何が憐れで何が自由なのか、わからないのかもしれない。

「ビーナスの花籠」と呼ばれるカイロウドウケツ

匹夫　ひっぷ

意味　いやしくつまらない男

hipに発音が似ているから、文字通りhip（かっこいい）な感じがするが、意味はまったく違って「いやしくつまらない男」。「匹」とは「対《つい》になる」という意味だ。一人の男と一人の女のカップルを「匹《ひっ》夫《ぷ》匹《ひっ》婦《ぷ》」という。ところが、かつての中国は一夫多妻制だったので、一人しか女を娶《めと》れない男は、つまらなくいやしい男ということになってしまうのだ。

鳳字　ほうじ

意味　才能のない平凡な人

三世紀中国の魏《ぎ》の国で、呂安《りょあん》という男が親友の嵆康《けいこう》の家を訪ねたのだが、残念ながら彼は不在だった。嵆康の兄は呂安を家に招き入れようとしたのだが、呂安はそれを拒み、門の上に「鳳」とだけ書いて立ち去った。

鳳《ほう》とは、徳のある君主の世に現れるとされる鳥のことだ。兄は誉《ほ》められたと思い、大いに喜んだ。

しかし、実は意味が違った。「鳳」は「凡」と「鳥」に分解され、つまり凡庸な人間だとあざけられていたのだ。

この故事から平凡な人間のことを「鳳字」と呼ぶようになった。大変に機知に富んだクールな話だと思うが、嫌味を門に書いて立ち去るのは、性格が悪すぎないか。

佞人　ねいじん

意味　口先がうまくてへつらう人

「佞《ねい》」とは「口先がうまくてへつらう」という意味。「ねいじん」という響きからして、いかにもしつこく陰湿な感じがする。

用例　君側《くんそく》の佞人ばらが、この陵《りょう》の一失《いっしつ》を取上げて（中島敦『李陵』）

伯楽　はくらく

意味　人を見抜く力がある人

伯楽《はくらく》とは、中国の春秋時代にいた馬を見抜く達人である。

あるとき、ある人が馬を売ろうとしたのだが、まったく売れなかった。そこで、彼は伯楽に賄賂《わいろ》を贈って「わしが馬を引いていくとき、少し振り返って見てくれないか」と頼んだ。

伯楽の描かれた屏風（曾我蕭白画）

伯楽がその通りにすると、たちまちその馬は高値で売れたという。「あの伯楽が振り返って見るくらいだから、すばらしい馬に違いない」とみんな思いこんだわけだ。

宦官　かんがん

意味　宮廷に仕えた去勢された男子

男を去勢して宮廷で働かせるという風習は古代オリエントや古代ギリシャ・ローマ、オスマン帝国、ムガル帝国などにもあったが、もっとも有名かつ問題になったのは中国である。

中国では宦官は紀元前一三〇〇年ころの殷《いん》の時代にはすでに存在した。宦官は異民族の捕虜や奴隷、宮刑《きゅうけい》に処せられた者、民間で自主的に去勢した者（自営者）が多かった。

宦官は、若くて美しく、言葉は明晰《めいせき》、振る舞いは優雅な者が選ばれた。宦官が行うのは宮廷の雑用だったのだが、天子の周辺にいるということで、しばしば巨大な権力を握ることとなった。後漢、唐、明《みん》などの王朝は宦官によって滅ぼされたと言われるほどだ。

豺狼　さいろう

意味 残酷で貪欲《どんよく》な人

「豺《さい》」とはヤマイヌのことで、「狼《ろう》」は「オオカミ」である。豺狼は「ヤマイヌとオオカミ」なのだが、転じて「残酷で貪欲な人」を指す。

よほどオオカミは恐れられていたのだろう。しかし、その残酷なはずのオオカミは、すでに日本では絶滅している。オオカミよりも人間のほうが残酷で貪欲なのかもしれない。

「狼虎《ろうこ》」という言葉もあり、これはオオカミとトラを合わせたもので、豺狼とほぼ同じ意味だ。

佯死　ようし

意味 死んだふりをする

「死んだふり」というとなんとなくみじめで情けないが、「佯死」というと、あたかも深く研《と》ぎすまされた意図があるように聞こえるので、日常生活でどんどん使っていただきたい。「佯《よう》」（いつわるの意）はなかなか便利な漢字で、「佯狂《ようきょう》」（狂ったふりをする）「佯泣《ようきゅう》」（うそ泣きする）「佯走《ようそう》」（負けたふりをして逃げる）と幅広く使うことができる。

行旅死亡人　こうりょしぼうにん

意味　死亡したが身元がわからず遺体の引き取り手のいない人

簡単に言うと、行き倒れで死亡した人である。「行旅《こうりょ》」とは旅をすることだが、日本の法律では、別に旅をしていなくても、身元がわからず遺体の引き取り手のいない死者を指す。

「行旅病人及行旅死亡人取扱法」という法律があり、死亡した人の死亡推定日時や特徴、所持品などが官報に掲載されることになっている。中には、地中から遺骨が発見され、死亡推定日時が「戦国時代」となっている行旅死亡人もいる。こういう行旅死亡人も真面目に官報に記載されているわけだが、いかにもお役所仕事という感じだ。

斃死　へいし

意味　野垂《のた》れ死にすること

「行旅死亡人《こうりょしぼうにん》」にも関わってくる言葉。「斃《へい》」という難しい字は「倒れて死ぬ」という意味。「野垂れ死に」というと惨《みじ》めな感じがするが、「斃死」というと優雅で高貴な感じがする——なんてことはまったくない。死んだらなんでも同じである。

愧死　きし

意味 恥ずかしさのあまり死ぬこと

「恥ずかしさのあまり死ぬ」というとなんとなく情けないが、「愧死《きし》」というと荘厳な感じがする。これからは明らかに愧死の時代だろう。「愧《き》」とは「恥じる」という意味だ。

弑逆　しぎゃく

意味 君主を殺すこと

時代小説にでも使えそうな熟語。「弑」とは「下の者が上の者を殺す」という意味である。

役割語　やくわりご

意味 話し手の性別・年齢・階級などが類推できる、型にはまった言葉

日本の昔話に出てくる老人は必ず「〜じゃ」というふうに話す。漫画に出てくるヤクザは「カバチたれとったら承知せんけんのう」などと広島弁ぽい言葉で脅迫する

し、山の手の奥様は「明日は参観日ざあますわね、オホホ」と嫌味っぽく笑う。

こういうふうに、話し手のキャラクターを簡単に想起させるステレオタイプな言葉のことを「役割語」と呼ぶ。現実にすべてのヤクザが「～じゃけんのう」と広島弁で脅《おど》してくるかは不明なので、どなたか確かめてみてください。

喃語　なんご

意味　乳児の言葉にならない声

赤ちゃんの「アー」「バブバブ」「ンマンマ」とかいう、言葉にならない声のことを「喃語」という。言葉になっていないのに、それを指す言葉があるとは不思議だ。

また「喋喋喃喃《ちょうちょうなんなん》」という熟語もあり、意味は「男女が仲睦《なかむつ》まじくささやき語り合うさま」。「ちょうちょうなんなん」は、いかにも暗がりで男女がしっとりとささやきあっているような響きだ。

黙字　もくじ

意味　発音されない文字

なぜか日本語の辞典にはあまり載っていない語だが、黙字は英語では silent letter という、発音しない文字のことである。
high の "gh"、know の "k"、Wednesday の "d" など、英語は非常に黙字の多い言葉

であり、綴《つづ》りを覚えるのが大変である。よく「外国語の中では英語は簡単だ」などというが、それはちがう。たとえばドイツ語は黙字の少ない言葉である。綴りをほぼそのまま読めばいい。英語の膝《ひざ》kneeは「ニー」というふうに発音するが、ドイツ語の膝Knieは「クニー」である。

魚魚　ぎょぎょ

意味　端整《たんせい》なさま

「魚魚」と書いて「ギョギョ」と読む。冗談ではなくて、本当に実在する熟語だ。「ギョギョ！」と端《はし》なく驚いているのではなく、「端整なさま」を意味するのだから、意外すぎる。

なお、𩺰という漢字も実在する。やはり「ギョギョギョギョ！」と読むのではなくて、キョウと読み、「魚が盛んなさま」を意味するのだ。

例文　その女優は魚魚な顔だちをしていた。

魚書　ぎょしょ

意味　手紙

手紙を意味する。なぜ「魚」がつくのかと言えば、かつて中国で鯉《こい》の腹の中から手紙が出てきたという故事があるからだ。

例文　向こうに着いたら、きっと魚書を送ってね。

冪冪　べきべき

意味　雲などが空一面をおおうさま

「べきべき」という響きは何か可笑《おか》しいが、意味は「雲などが空一面をおおうさま」とどこか風流だ。「冪《べき》」は覆《おお》うという意味である。

例文　冪冪とした雲に圧《あっ》され、気が滅入《めい》っている。

呵呵　かか

意味　大声で笑うさま

「呵《か》」は「笑う、叱《しか》る」という意味である。「呵呵」を辞書で引くと、意味に「カラカラ（と笑うさま）」と出てくるが、「カラカラ」とは何だろう。私は今まで、「カラカラ」と笑う人を見たことがない。喉《のど》に何か不調があるのだろうか。

磊磊　らいらい

意味　心が広く細かいことにこだわらないこと

単に「石」を六つ積み上げたものではなくて、「磊《らい》」という漢字を二つ重ねた熟語。「ライライ」という響きはまるでラーメン屋のようだが、意味は「心が広く細かいことにこだわらないこと」である。「磊落《らいらく》」と同じ意味。

噩噩　がくがく

意味　おごそかなさま

まるでペルシャ絨毯《じゅうたん》の模様のようだ。こんな熟語が実在するのかと思うかもしれないが、実在するからしかたない。

「噩《がく》」というガラスのタイルのように美しい字は「がく」と読み、「おどろく・厳《おごそ》かなさま」の意味。「噩夢《がくむ》」という熟語もあり、意味は「驚いて見る夢」である。

鴆酒　ちんしゅ

意味　鴆《ちん》という毒鳥の羽を浸《ひた》した毒酒

古代中国の記録に、しばしば「鴆」という鳥が出てくる。

鴆は、羽に猛毒を孕《はら》むとされる鳥である。鴆の巣の下にはペンペン草すら生えない。鴆の毒は凶悪なので、解毒できるのは「サイの角」だけである。

この鴆の羽を浸した酒を鴆酒といい、古代中国ではしばしば暗殺や自殺に用いられてきたという。

いかにも胡散《うさん》くさい話だろう。だいたい羽に毒を持つ鳥などいるのか。鴆は、長い間架空の鳥だと言われてきた。

しかし、である。一九九〇年になって、ニューギニアのピトフーイという鳥が羽に猛毒を持つことが発見されたのだ。だとしたら、鴆も絵空事とは言えないかもしれない。古代中国では鴆が毒を孕んだ翼をひるがえし、民衆を睥睨《へいげい》していたのかもしれない。

『三才図会』に描かれた鴆

獺祭

だっさい

意味 カワウソが捕った魚を並べること／文章を書くときに多くの参考文献を周囲に広げること

獺祭という有名な日本酒のブランドがあるが、ここではもとの意味を述べる。「獺《だつ》」とはカワウソのことで、「獺祭」は直訳すると「カワウソ祭り」。

カワウソは川や海に棲《す》む、不思議と表情が人間臭い哺乳類だ。中国では古来から、カワウソは捕まえた魚を川辺に並べるとされ、それがあたかも人間が供え物を並べて先祖を祀《まつ》るように見えるので、「獺祭」と呼ばれたのだ。転じて、文章を書くときに大量の資料をあたりに広げることをいう。
唐の詩人・李商隠《りしょういん》にこの習慣があったことが知られている。

カワウソは謎めいた生態を持つ

それにしても、カワウソが捕ってきた魚を祭りのように岸辺に並べるなど、いかにも嘘くさい話に聞こえるだろう。しかし、ある条件が重なると、本当にやるのだ。どうやら、カワウソの狩漁には一種のゲーム的要素があり、特に食べなくても余計に魚を捕えてきて展示するという性向があるようなのだ。

渉猟　しょうりょう

意味　たくさんの書物を読みあさること

「渉《しょう》」は「歩きまわる」、「猟《りょう》」は「探しもとめる」の意味。全体として「たくさんの書物を読みあさること」。ちなみに旧仮名遣いでは「せふれふ」となる。まるでロシア語のようだ。

阿諛追従《あゆついしょう》

意味　媚《こ》びへつらって相手におもねること

「ついじゅう」ではなく「ついしょう」である。

「阿《あ》」は「おもねる」、「諛《ゆ》」は「へつらう」ということ。「阿諛追従」というと知的で優雅な感じがするが、意味は「ごますり」「忖度《そんたく》」と同じだ。

二重内陸国《にじゅうないりくこく》

意味　国境を接する国がすべて内陸国である内陸国

「内陸国」はわかるだろう。内陸にあって、海と接していない国のことだ。「二重内陸国」という国がある。これは、

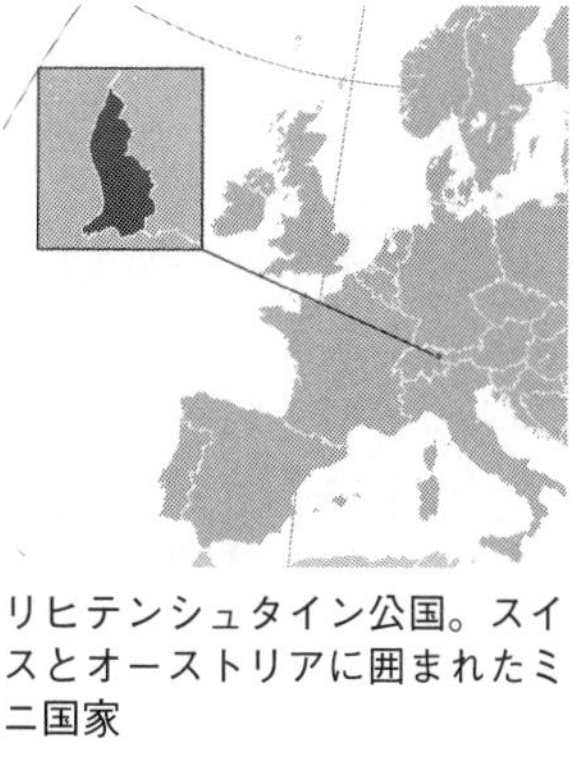

リヒテンシュタイン公国。スイスとオーストリアに囲まれたミニ国家

国境を接するすべての国が内陸国という内陸国だ。つまり、海に出ていくためには、少なくとも二回は国境を超えねばならない。

二重内陸国は世界に二つしかない。リヒテンシュタイン公国とウズベキスタンがそれだが、「それっていったいどこの国なんだ」という反応が一番多いかもしれない。

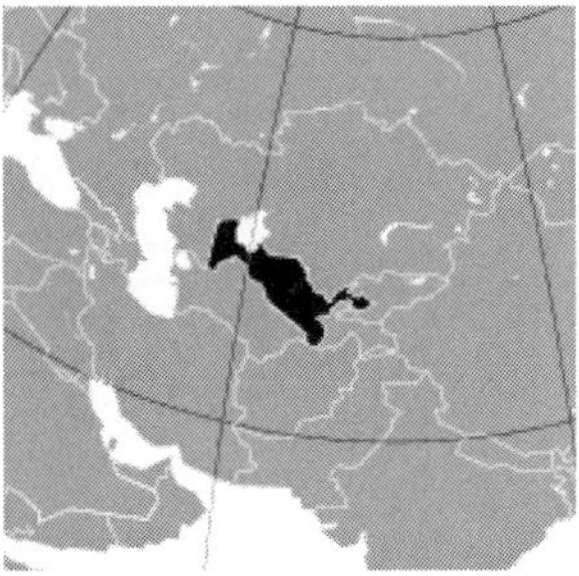

ウズベキスタン。カザフスタン、キルギス、タジキスタン、アフガニスタン、トルクメニスタンに囲まれている

囲繞地《いにょうち》

意味 公道に面していない土地の周りの土地

この世には、周りをほかの土地に囲まれ、公道に接していない土地がある。これを袋地というが、その周りを囲んでいる土地のことを囲繞地という。

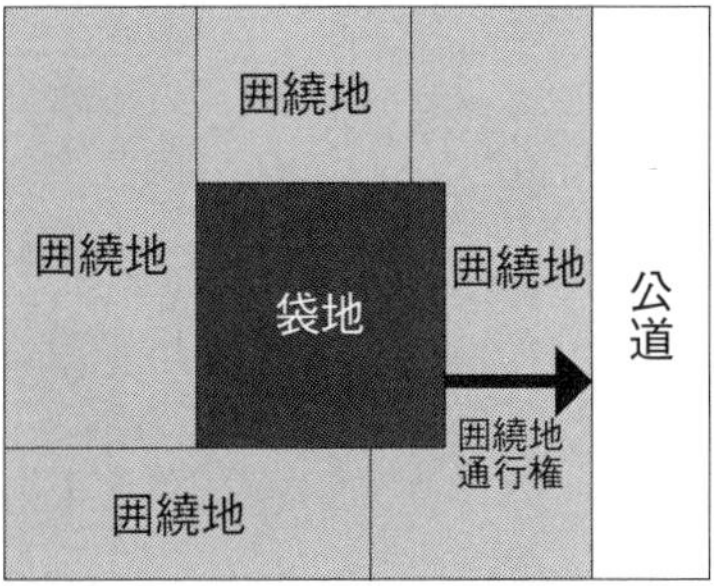

日本の民法では、袋地の

所有者は、公道に出るために囲繞地を通行する権利を持つ。これがなければ、袋地の住人は一生袋地に閉じ込められたままだからだ。これは人権侵害もいいところだろう。

左見右見　とみこうみ

意味 あちこち見ること

「左見右見」で「あちこち見ること」とはわかりやすい意味だが、この漢字で「とみこうみ」と読むのは無茶すぎるだろう。いくら左見右見しても無理がある。

実は「と」「こう」は副詞で、「そのように・このように」という意味だという。これに左や右の字を当てたのは、強引すぎたのだ。

凸間凹間　でくまひくま

意味 でこぼこなところ

ほとんど幾何学模様のような四字熟語。意味は凸凹と同じだが、字面が美しすぎるので、壁にでも描いて鑑賞したいところ。

用例 おやここの内は、屋根にでえぶでくまひくまのある内だ（十返舎一九『東海道中膝栗毛』）

第3章

知っているようで知らない言葉

変態　へんたい

意味 姿や形を変えること

「この変態め！」などと言うように、一般社会では「変態」とは「異常な性欲の持ち主」というネガティブな意味以外には使われなくなっている。

しかし「変態」とはもともと「姿や形を変えること」で、変態的な意味合いはまったくない。生物学ではオタマジャクシが蛙《かえる》になることを変態と呼ぶが、それである。

「変態百出《ひゃくしゅつ》」という四字熟語もある。これは別に「百人の変質者が次々と現れる」ことではなく、「次々と姿を変える」という華麗な意味だ。

カフカの有名な小説"Die Verwandlung"はよく「変身」と訳されるが、これは「変態」と訳してもかまわないのだ。もっとも「変態」というタイトルなら、何か別のジャンルの小説かと思われそうである。

直截　ちょくせつ

意味 すぐに裁断すること

もはや現代では「ちょくさい」と読むことのほうが多そうだが、本来はそれは誤読で、正しくは「ちょくせつ」である。「截」と「裁」はよく似ているので、誤解されたのだろう。もっとも、「截」とは「ずばりと断ち切る」という意味で、「裁」にも「布を断ち切る」という意味があるから、誤解されても仕方ないではないか。

埒　らち

意味　区切り。限界

「ラチ」とはたまに聞く言葉だが、よく考えると何だかわからない。実はこれは、もとは「馬場の周囲につくった柵《さく》」を意味する。「埒があく」（かたがつくの意）という表現は、もとは京都の賀茂《かも》の競馬《くらべうま》を見に来た人たちが、待ちわびていったセリフに始まるという。「やっと埒（馬場の柵）が開いたぞ」というわけだ。

憧憬　しょうけい

意味　あこがれること

「どうけい」と読まれることが多いが、本来は間違いで、正しくは「しょうけい」である。ドイツ語のSehnsuchtの訳語だから、それほど古い熟語でもない。

警句　けいく

意味　短い表現で真理をついた言葉。アフォリズム

しばしば「他人に警告する言葉」と誤解されているが、本来は「短い表現で真理を表した言葉」を意味する。「人間は考える

葦《あし》である」などがそれだ。必ずしも警告していているわけではない。警句の「警」は「すばやい・優れた」という意味である。

少年　しょうねん

意味 若い人

「若い男」の意味で使われることが多いが、本来は「若い人」を意味し、女子も含む。もとは「年が少ないこと」を意味するのだから。

それゆえに「少年法」という法律は別に男子だけではなく、女子にも平等に適用されるので、不良少女は気をつけておこう。

孑孑　ぼうふら

意味 蚊の幼虫

ぼうふらは「孑孒」とよく書かれるが、それは間違いで、正しくは「孑孑」である。「なんだ、同じじゃないか」と思われるかもしれないが、よく見ていただきたい。後の字が明らかに違う。

「孑孑」は本来は「けつけつ」と読み、「ひとりぼっち」という意味なのだ。「孑孑」は「孑孒」とあまりに似ているので、最近では「孑孑」が「ぼうふら」だと誤解されているだけだ。現代を生きるインテリゲンチャなら、ゆめゆめ間違わないようにしていただきたい。

女子　じょし

意味　女性。女の子

「アラカン女子」という言葉がある。アラウンド還暦、つまり六十歳前後の女子という意味だ。

「それで女子はおかしいだろう」と思われるかもしれないが、女子とは「女の子」という意味だけではなく、年齢関係なく女性を指す言葉でもある。その証拠に、女子トイレに入るのに年齢制限は（たぶん）ない。

そのうち、アラハン女子（アラウンド・ワンハンドレッド＝百歳前後の女子）という言葉が流行《はや》るかもしれないので、今のうちに覚えておくと得だろう。

檄を飛ばす　げきをとばす

意味　自分の主張を広く人々に知らせて同意を求めること

「激」と間違われて書かれることが多いが、正しくは「檄」。よく見ていただくとわかるが、さんずいではなく木偏《きへん》である。

「檄」とは、古代中国において招集や説諭を記した木の札を意味する。「檄を飛ばす」を「刺激を与えて励ます」と解釈するのは後世の誤用。

金字塔　きんじとう

意味　ピラミッド

「映画界に金字塔を打ち建てた」などというふうに使われる「金字塔」だが、これはそもそもは「ピラミッド」のことである。「金字塔」とは「金の字の形をした塔」という意味で、確かにピラミッドは「金」という漢字の形に似ている。しかしそれなら「全」でもいいはずだが……、「全字塔」だとありがたみと迫力がないのだろう。

綺羅星　きらぼし

意味 立派な人や明るいものが数多く並ぶたとえ

別に「綺羅星」という星があるわけではない。また、「きらきら輝く星」という意味も本来はちがう。

もとは「綺羅、星のごとし」という言い回しからきた言葉。「綺」とは綾織《あやおり》の絹布、「羅」とはうすい絹布のことで、美しい衣装を「綺羅」と呼ぶ。つまり、「綺羅星」とは「美しい衣装を着た人々が居並ぶさま」を意味しているのだ。きらきら輝く星が渦を巻いているわけではない。

外連　けれん

意味 ごまかし。はったり

酒の味を評するときに「外連味《けれんみ》のない味」と言ったりするが、外連は歌舞伎などで使われる言葉で、早替わりや宙乗りなど見かけが派手で奇抜な演出を指す。そこから「はったり」「ごまかし」という意味が出てきた。「外連」の漢字は当て字だが、「外《げ》道《どう》」にも似ていて、みごとにいかがわしい当て字と言えるだろう。

試金石　しきんせき

意味 金などの鑑定に使われる黒く硬い石。那智黒《なちぐろ》

「試金石」という言葉は多くの人が知っているが、具体的にどんな石なのかはあまり知られていない。

「試金石」とは別に比喩ではなく、現実に存在する石である。色は黒く、緻密な石英質の岩石で、日本では熊野《くまの》地方で産出し、那智黒とも呼ばれる。那智黒という有名なキャンディはこの石にちなんでつくられたものだ。那智黒は碁石にも使われる。この石に金をこすりつけ、できた痕《あと》の色を見て、金の純度を判定するのだ。

試金石と検査キット

妙齢　みょうれい

意味　女性の若い年頃

「妙齢の女性」などと使う。最近はなぜか「中年以上」と思われていることがあるが、本来は「若い」という意味である。「妙（変）な年齢」という意味ではないので、現代社会を生きる上でくれぐれもご注意を。

静謐　せいひつ

意味　静かで安らかなこと

「せいひつ」という響きは、いかにも静まり返っている感じがする。意味もそういう感じだ。同じ漢字を重ねた「謐謐《ひつひつ》」もほぼ同じ意味。

猟奇　りょうき

意味　奇怪で異常なものにひかれ、それを追い求めること

「猟奇」と言えば「猟奇殺人」「猟奇的な彼女」など、陰惨で残虐なイメージがあるが、これはわりあい新しい言葉だ。

実はこれは作家の佐藤春夫の造語で、彼によるとロマン主義文学の特徴である curious hunting の訳だという。佐藤春夫も、自分がつくった言葉がいつのまにか「残虐」といった意味になり流行語となってしまったことに、とまどっていたようだ。

自己責任　じこせきにん

意味 自分の行動の責任は自分にあるということ

文字通り、「自分の行動の責任は自分にある」ということを意味する。不思議なことに、自分で責任を取りたくない者に限って使いたがる言葉だ。

例文 その株は絶対に上がるから、必ず買え。ただし、損をしても自己責任だぞ。

上梓　じょうし

意味 本を出版すること

「梓《し》」とは木の「あずさ」のこと。中国では版木にあずさを使っていたので、本を出版することを上梓というようになった。

用例 多くの論説や著書が（略）公表上梓された（渡辺一夫「エラスミスムについて」）

三下　さんした

意味 取るに足らない下っ端の者

上品な世界ではあまり使われない語。博《ばく》打《ち》では、サイコロの目が三より下ではまず勝ち目がない。だから「三下」で取るに足らない下っ端の人間を指す。

例文 おめえのような三下に俺の辛さはわかるめえ。

清冽　せいれつ

意味　清らかに澄んで冷たいさま

「清冽な川」などと使われる言葉。語感からして、冷たく清らかかな雰囲気がする。「冽《れつ》」は「冷たい」という意味。

用例　清冽の流れの底には水藻《みずも》が青々と生えて居《い》て、家々の庭先を流れ、縁の下をくぐり（太宰治『老ハイデルベルヒ』）

爛熟　らんじゅく

意味　物事が発達しすぎて衰退の兆しが見えるさま

文字通り読むと「爛《ただ》れて熟《う》れる」。果物は熟れすぎて枝から落ちる寸前が一番うまく、肉は腐る直前がもっとも美味で、女性は──、などという人がいるが、そういう感じか。

例文　文明の爛熟期には、必ず傾奇者《かぶきもの》などの奇を衒《てら》った者が現れる。

瞞着　まんちゃく

意味　だますこと

なんとなくいかがわしい響きの熟語。「瞞《まん》」は「だます」という意味で、瞞着も「だますこと」を意味する。「瞞瞞《まんまん》」というやはり妖《あや》しい響きの言葉もあり、意味は「目を閉じるさま」。

性癖　せいへき

意味　性質のかたより。くせ

「性癖」と言えば、今ではいかがわしい方面で使われることが多い。「私は寝取られるのが好きな性癖がありまして……」といった感じだ。

しかし、本来は「性質のかたより」という意味である。「性」とは「性質」という意味で、sexという意味ではない。曇《くも》った目で文字を眺めていると、意味まで歪《ゆが》んで見えてくるのである。

用例　女子が綺羅《きら》を飾るの性癖を以《もっ》て（夏目漱石『吾輩は猫である』）

薩摩守　さつまのかみ

意味　車や船などにただで乗ること

鉄道オタクなら誰でも知っている言葉かもしれない。薩摩守《さつまのかみ》とは平安末期の武将で歌人の平忠度《たいらのただのり》のことで、単に名前が「ただのり」というだけで、「薩摩守」が「ただ乗りすること」を意味するようになってしまった。

「薩摩守」という狂言がある。無一文の僧がいた。渡し船に乗りたいのだが、残念ながら金がない。ところが「あそこの船頭はシャレが好きだから、『平家の公達《きんだち》薩摩守忠度』とシャレを言えばタダで乗せてくれるよ」と言われたので実行したのだが、肝心の「忠度」を言い忘れてしまったので、悲劇的にもただ乗りに失敗するのだ。

阿漕《あこぎ》

意味 あくどく、しつこいこと

「阿漕な商売だな」などと使う「阿漕」が、地名だったとは驚きである。現代の三重県津市にある阿漕《あこぎ》ヶ浦《うら》のことだ。阿漕ヶ浦は、伊勢神宮に供える魚を獲《と》るため禁漁区とされていた。だが、

JR阿漕駅

ある漁師がかまわず漁を繰り返し、しまいには捕えられてしまった。

この話から、しつこくてあくどいことを「阿漕」と呼ぶようになった。いまでも阿漕の地名は残り、JR阿漕駅という駅まである。

鐚《びた》

意味 質の悪い銭

「金」に「悪」だから、相当あくどい字だ。日本でつくられた国字である。

鐚とは、もとは室町時代から江戸時代にかけて流通した、民間人が勝手に造った粗悪な銭のことだ。質の「悪」い「金」だか

ら「鐚」ということなのだろう。

江戸幕府が寛永《かんえい》通宝《つうほう》の鋳造を許可してから、鐚は衰滅していったのだが、「鐚」といういかがわしい文字だけは生き残ったのだ。

室町時代の鐚銭

出羽守　でわのかみ

意味　海外や他の業界を引き合いに出して語る人

「出羽国《でわのくに》（現代の山形・秋田県）の長官」が元の意味だが、今ではまったく別の意味に用いられる。

「イギリスでは男性はみな紳士なんだよ」というように、「海外では」「他の業界では」と他者を引き合いにして当てこする人のことを言う。たとえその指摘が本当でも、「フランスではこうざますのよ」などと説教されると、嫌でも従いたくなくなるものだ。

洞ヶ峠　ほらがとうげ

意味　日和見《ひよりみ》

現在の京都府八幡《やわた》市と大阪府枚方《ひらかた》市の境にある峠《とうげ》。一五八二（天正十）年、本能寺の変で織田信長を討ちとった明智光秀と羽柴秀吉の間で山崎の戦が行われた。天下分け目の決戦である。この戦いに勝った者が日本の覇者となるのだ。

ところが、筒井城《つついじょう》の城主だった筒井《つつい》順《じゅん》慶《けい》は、洞ヶ峠に陣取ったまま兵を動かさず、光秀が勝つか秀吉が勝つかのんびり見物し、勝利が確定した後に秀吉に付いた——という話から来ている。

もっとも筒井順慶は秀吉に従う旨を記した誓紙《せいし》を書いているので、これは俗説だ。今も洞ヶ峠の地名は残っている。

半畳を入れる　はんじょうをいれる

意味 他人の言動を非難したり茶化す

半畳とは、江戸時代の芝居小屋で観客が使った一人用の敷物のこと。当時は、つまらない芝居を見せられると、半畳を舞台に投げつけてぶちこわすという「マナー」があった。このことから、他人を茶化したり非難することを「半畳を入れる」という。

現代でも、大相撲で横綱が格下の力士に負けると、客席から座布団が雨あられと投げ込まれることがある。

三行半《みくだりはん》

意味 離縁すること

江戸時代では、離婚を申し立てられるのは夫から妻のみだった。

このときに離縁状を書くのだが、内容は、離縁する旨と、妻の再婚を許す旨だった（これがないと妻は再婚できない）。これらの内容を書くとだいたい三行半になったので、離縁することを「三行半」と呼ぶようになった。

もっとも、絶対に三行半にしなければならないわけではなく、それを超える離縁状も当然あった。

のべつ幕《まく》なし　《のべつまくなし》

意味 絶え間なく続くさま

「膜なし」ではなくて「幕なし」である。もとは、舞台で幕を引くことなく芝居を続けることを指す。「のべつくまなし」と誤用されることも多いが、「くま」とはいったい何なのか。熊は舞台にはめったに出てこないだろう。

だんまり

意味 何も言わず黙っていること

「いつまでだんまりを続けるつもりだ？ ああ？」と刑事ドラマのセリフに出てきそうなこの言葉、もとは歌舞伎用語である。暗闇《くらやみ》の中で、セリフをしゃべらずに身振りで探りあい争う演出である。漢字で「暗闘」とも書くが、この漢字表記は格好良すぎるだろう。

酒池肉林　しゅちにくりん

意味 酒と肉が豊富な豪勢な宴会

「酒池肉林」というと、字面《じづら》から「酒をなみなみと注いで池をつくり、周りを裸の女たちが林のように立ち並んでいる」という光景を勝手に思い浮かべる方は多いだろう。

しかし、「肉林」とは「木々に肉を掛《か》ける」という意味だ。つまり、酒池肉林とは「酒と肉がふんだんに出る豪勢な宴会」という意味なのだ。

あまりに色気のない意味に、がっかりして生きる希望を失った方もいるかもしれない。しかし、安心してほしい。この言葉の出典である司馬遷《しばせん》の『史記《しき》』にはこう書いてあるからだ。

「殷《いん》の紂王《ちゅうおう》は池を酒で満たし、木々に肉をかけ、男女を裸にしてその間を追いかけまわさせた」

つまり、エロチックな要素は間違いなくあったのだ。明日からも挫《くじ》けず生きてほしい。

満漢全席　まんかんぜんせき

意味　満洲族と漢民族の粋《すい》を極めた中国料理

満漢全席という言葉は比較的知られているが、その内容はあまり知られていない。単に「豪華な中国料理」という意味ではない。

満漢全席は、十八世紀の清《しん》朝の時代、揚《よう》州《しゅう》の富豪が乾隆帝《けんりゅうてい》に満洲族と漢民族の粋を極めた料理を献上したものが始まりとされる。食べるのには数日を要する。その食材には、「熊の掌《てのひら》」「豹《ひょう》の胎児」「ラクダのこぶ」「オランウータンの唇」「雌《め》羊《ひつじ》の乳房」など、珍奇なものが使われていた。さすがは「四つ足のものは机以外、空を飛ぶものは飛行機以外なんでも食べる」と言われる中国人だ。

現代でも満漢全席と称する料理を出す店はあるが、乾隆帝の満漢全席を再現するのはまず不可能だろう。オランウータンなど、いまや絶滅の危機に瀕《ひん》している動物すら食材にされているからだ。

デマゴーグ　demagogue

意味　デマを流す煽動家《せんどうか》

「デマゴーグぐらい知ってる、嘘の情報のことだろ」と簡単に言ってはいけない。

いわゆるデマ（虚偽の情報）はデマゴギー（demagogy）という。デマゴーグ（demagogue）とは「デマを流す者」というのがもとの意味だ。これからデマを流すときには、気をつけていただきたい（demagogue の語源は「民衆を導く者」という意のギリシア語）。

クーデター　coup d'État

意味　権力層の一部が武力で政権を奪取すること

「クーデター」という言葉は響きがかっこよすぎるので、しばしば濫用《らんよう》される。「貧しい民衆が立ち上がり、クーデターを起こした」などと使われることがあるが、これは誤用である。

クーデターとは、権力層の一部（政治家・軍隊など）が武力を持って政権を奪取することであり、動くのは民衆ではなく、すでに権力を持っている者だ。つまり支配者階級の中での権力移動にすぎないのだ。権力を持たない民衆が権力を打ち倒す行動は、「革命」と呼ぶべきである。

なんじゃもんじゃ

意味　その地域でめったに見かけない珍しい大木

「なんじゃもんじゃ」はたまに聞く言葉だが、意味がよくわからない。これは、その地域で極めて珍しい何だかよくわからない大木を指す。やはり正体不明だったのだ。

特定の木の種類があるわけではなく、明治神宮外苑のヒトツバタゴや千葉県神崎町の神崎神社のクスノキなどを指す。「あんにゃもんにゃ」というさらに妖《あや》しい呼び方もある。

またぞろ

意味　同じことがふたたび繰り返されるさま

「またぞろ」の「ぞろ」とは何かを考えて、夜しか眠れないことがあった。「ぞろ」とは何かいかがわしい響きがある。何か気持ちの悪い虫がぞろぞろと現れるような……。「ぞろ」は「候《そうろう》」の変化したもので、「またぞろ」は「またかよ、まったく」というあきれた気持ちがこめられた言葉である。

おためごかし

意味　他人のためにするように見せかけて、自分の利益のためにすること

これもよくわからない言葉だ。「オタメゴカシ」という響きは、怪獣か気持ち悪い虫の名前のように聞こえる。

「御為《おため》ごかし」とも書く。「ごかし」は「転《こか》す」

（だますの意）が変化したもの。「おためごかし」は「他人のためになるようなふりをしてだます」という意味である。いかがわしい響きにふさわしい意味だ。

らりる

意味 睡眠薬やシンナーなどの薬物のために、舌が回らなくなったり幻覚状態になる

語源には諸説ある。「らり」が馬鹿を意味するという説もあるが、「ヤクを決めたために舌が回らず、何を言っても『ラリルレロ』というラ行の音に聞こえる」という説のほうが、生々しくてもっともらしい。

ブイブイいわす

意味 大きな顔をして好き勝手にふるまう

「ブイブイいわす」の「ブイブイ」とは何なのかを考えて、昼間は眠れなかったことがあった。大阪ミナミの夜の街で、金のロレックスをはめたチンピラが肩で風切って歩く姿を思い浮かべてしまうのだが、そのとき「ブイブイ」などという音が本当に出るのか、不明である。もしそんな音が出るのなら、ミナミの夜はさぞかしブイブイうるさいことだろう。

この表現の起源は不明のようだが（誰も真剣に研究していないのか）、「ぶいぶい」には「勢

いよく回すさま」「言いがかりをつけてきて嫌われる者」「不平をうるさく言うさま」などという意味があるので、この辺りから来ているのかもしれない。語源を知ったところで、何の役にも立たない言葉である。

おきゃん

意味　お転婆な女性

「おきゃん」とはなんとなくかわいらしい語感だが、漢字で書くと「お俠」。

そう、「任俠《にんきょう》」「俠客《きょうかく》」といったヤクザの世界で使われる漢字であり、「俠」という字じたいにも「おとこだて」という訓読みがある。ヤクザな世界にはお転婆《てんば》な女がいるということだろうか。

なお、「お転婆」の語源だが、オランダ語の ontembaar（飼いならせない）から来たというスケールの大きな説がある。

用例　こんな結構な男を捨てて赤シャツに靡《なび》くなんて、マドンナもよっぽど気の知れないおきゃんだ（夏目漱石『坊っちゃん』）

つよつよ

意味　とても強いさま

最近つくられた俗っぽいネットスラングではなく、実は平安時代から存在する古語である。『今昔物語』には「年は八十に余りたれども、七十になく強々としてあるに」

という一節がある。
「つよつよ」という語感はいかにも軽薄で安直なのだが、平安時代から使われると聞くと、なんとなく雅《みや》びな言葉に見えてくるから不思議だ。

しんねり

意味 ねちねちしたさま／男女の仲が親密なさま

いかにもネチネチして猥褻《わいせつ》な感じすらする語感だが、意味もそれに近い。

例文 街角で、しんねりとした視線で見つめてくる女がいた。

当て馬　あてうま

意味 相手の様子を見るために当てがわれる仮の者

もとは、牝馬《めうま》の発情を煽《あお》るために当てがわれた牡馬《おうま》のこと。当て馬は牝馬と交尾することはできず、牝馬が発情すると当て馬は無情にも引き離され、本命の種馬の登場となる。なんという悲劇的な存在か、当て馬とは！

こういう悲惨な当て馬は人間の世界にもいる。自分を引き立たせるために、わざと自分より劣る者をグループに入れたり、選挙で当選しなさそうな人を対立候補に立てさせ、本命候補の良さを強調したりする。

人間は馬だった。

かませ犬　かませいぬ

意味　相手の強さを引き立てるために戦わされる弱い者

もとは、闘犬を訓練するために、若い犬に噛《か》まれる役を担った犬のこと。引退した老犬などが使われる。悲しい存在だ。

かませ犬は人間世界の中にもうろついている。ボクシングで、自信をつけさせるために弱いボクサーと対戦させたり、恋愛の世界では、本命の相手とは付き合える気がしないので、一ランク下の相手にチヤホヤしてもらい、自己肯定感を高めるといった手法だ。

オーパーツ　ooparts

意味　その時代にふさわしくない人工物

ooparts（オーパーツ）は out of place artifacts の略で、直訳すると「場違いな人工物」ということ。どう考えてもその時代の技術ではつくれないだろうという人工物のことだ。

よく知られているものに、サンダルで踏まれた跡のある三葉虫の化石（三葉虫が生きた時代に人類はいない）、恐竜の土偶（恐竜が生きた時代には人類はいない）、コソ加工物（五十万年前のものとされる点火プラグ）、ピーリー・レイースの地図（発見されていないはずの南極が描かれている十六世紀の地図）、千五百年も錆《さ》びないというデリーの鉄柱——などがある。

話としては面白いのだが、多くは後世の

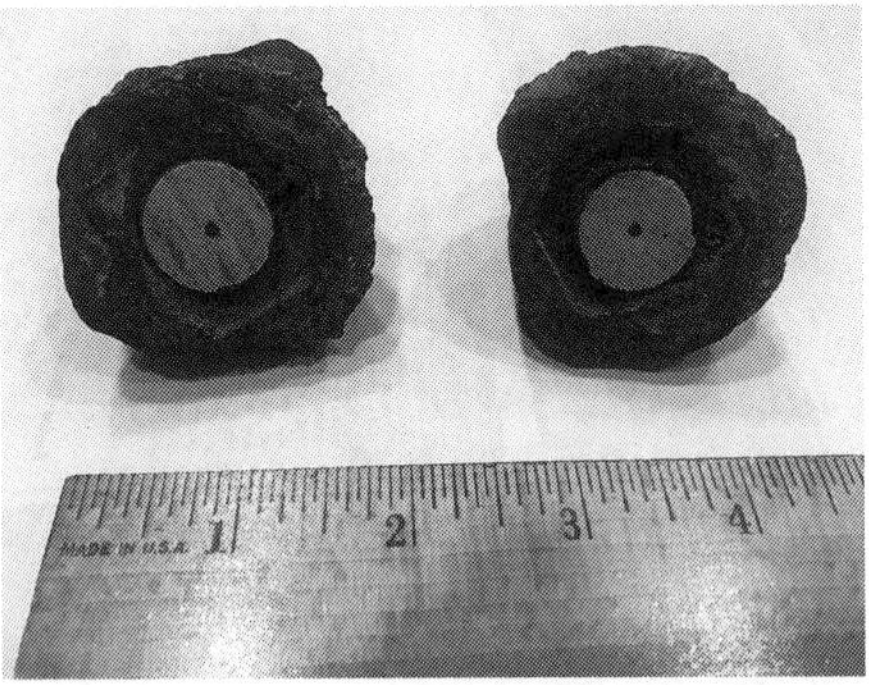

50万年前の点火プラグと言われるコソ加工物

偽造物か、こじつけの解釈によるものと言われている。たとえば「サンダルで踏まれた跡のある三葉虫の化石」については、そもそもそれがサンダルの跡なのか明瞭《めいりょう》ではない。

オーパーツが生まれる原因の一つは、単に想像力や見識が浅い、というだけのことかもしれない。「古代人は愚かだからこんなすばらしいものをつくれるわけがない」という思い込みである。

ボランティア volunteer

意味 自分の意志で多くは無償で社会事業などに参画すること

日本語でボランティアというと、単なる「ただ働き」を意味することがあるが、本来はちがう。

英語のvolunteer（ボランティア）はラテン語のvoluntās（自由意思）が語源だから、ボランティアはあくまで自分の意志で行わねばならない。たまたまそれが無償活動なことが多いというだけだ（有償ボランティアと称するものもある）。だから、「ボランティアを強制されている」「ボランティアでやるのは嫌だなあ」などと言うのは、論理的におかしい。

第4章

意味がまったく想像できない隠語・業界用語

うかんむり

意味　窃盗事件

警察用語。窃盗の「窃」は「うかんむり」なので、うかんむりは窃盗事件の隠語である。

……といっても、少しおかしい。「窃」はうかんむりではなく「あなかんむり」ではないか！　などと漢学者の言うようなことはどうでもいい。細かいことにこだわっていては、犯罪の世界で大成しない。

ごんべん

意味　詐欺事件

「詐欺」の「詐」はごんべんの漢字だから、詐欺事件を警察では「ごんべん」という。詐欺は頭を使う知能犯罪なので、詐欺犯は刑務所の中でも尊敬されるとか。

にんべん

意味　文書偽造の犯罪

「偽造」の「偽」はにんべんなので、「にんべん」で文書偽造の犯罪を指す。いちいち漢字を覚えていないと隠語の意味もわからないのだから、犯罪業界は大変だ。

弁当

べんとう

意味 執行猶予／子どもが口の周りにつけた飯粒

「弁当持ち」とよく言われるが、これは隠語で「執行猶予つき」ということ。

これとはまったく関係なく、弁当は「子どもが口の周りにつけた飯粒」という意味もあるのが面白い。「あらあ、お口にお弁当いっぱいつけて」という感じか。

風　かぜ

意味 扇子《せんす》／警察における風俗の取り締まり係

落語業界の隠語で扇子のことを風という。言うまでもなく、煽《あお》いだら風が起こるからに決まっている。また、警察業界では風は風俗を取り締まる係のこと。

吉川線　よしかわせん

意味 絞殺された被害者の首についたひっかき傷

絞殺されようとするときに、紐《ひも》や犯人の腕をほどこうとし、自分の首に爪を立てて傷をつけてしまうことがある。この傷のことを吉川線という。吉川線があると、自殺ではなく他殺だと判断されるわけだ。吉川とは警視庁の吉川澄一《よしかわちょういち》氏のことで、彼がこのひっかき傷に着目し、学会に発表したからこの名がついた。吉川線は、一人の人間が生きようとしてもがいた証《あかし》なのだ。

赤猫　あかねこ

意味　放火

放火のことを「赤猫を這《は》わせる」と呼ぶのは、残酷ながらも詩的だ。炎が家を舐《な》めるさまが赤い猫が走る姿に見えたのだろうか。一説には放火犯が火をつけて逃げる姿を猫にたとえたものだという。赤犬や赤馬ともいう。

赤詐欺　あかさぎ

意味　結婚詐欺

結婚詐欺のことを赤詐欺という。理由としては「してやったりと赤い舌を出すから」だというが、無理やりという感じが否めない。詐欺とはすべてそんなものではないか。むしろ赤は情欲や恋愛の隠喩《いんゆ》ではないだろうか。

白詐欺　しろさぎ

意味　しろうとをだます詐欺

白詐欺というと、まるで潔白で正しい詐欺のように聞こえるが、意味は「しろうとをだます詐欺」だから、まったく弁解の余地はない。

黒詐欺　くろさぎ

意味　詐欺師が詐欺師にしかける詐欺

くろうとにしかけるから黒詐欺というのだろうが、いかにも真っ黒で極悪な詐欺のように聞こえる。実態は悪人が悪人と騙《だま》しあっているだけだ。

青詐欺　あおさぎ

意味　会社、書類、不動産関係の詐欺

青という色は、知的でクールな感じがする。青詐欺というスラングも、その知的なイメージから来ているのだろう。このあたりの詐欺はアホではできなさそうだ。

はいのり

意味　戸籍を乗っ取って他人になりすますこと

失踪《しっそう》した人や死んだ人の戸籍を乗っ取ったり、違法に入手した他人の戸籍を利用して別人になりすますことを、犯罪用語で「はいのり」という。「背乗り」「這い乗り」などと書く。

生駒　いこま

意味　人を殺して埋めること

生駒山《いこまやま》は、大阪府と奈良県をまたぐ山だ。この山に犯罪者がよく人を殺して埋めるので、「生駒」は人を殺して埋めることを言う。ちなみに、神戸では六甲山がよく活用されているという。

南港　なんこう

意味　人を殺して海に沈めること

南港とは大阪市住之江区にある大阪南港のこと。人を殺してここに沈める事件が多いという。

座らせる　すわらせる

意味　飛田新地で働かせる

飛田新地は、大阪の通天閣《つうてんかく》近くにある、世界的にも有名な歓楽街だ。女性をここの「料亭」で働かせることをアウトローな隠語で「座らせる」という。「料亭」の玄関に女が座り、客が来るのを待つからだ。

がまん

意味　刺青《いれずみ》

刺青のことを任侠《にんきょう》界では「がまん」という。刺青を入れるのは苦痛で、我慢しなければならないからだろう。

また、「マンガ」という言い方もある。体に絵を描くのだから、漫画だということだろう。なかなかキュートなスラングだ。『こちら葛飾区亀有公園前派出所』にアルプスの少女ハイジの刺青を入れたヤクザの組長が出てきたのを思い出す。

かちこみ

意味　殴りこみ

ヤクザ業界で、敵対する側の事務所などを襲撃することをカチコミという。銃弾を撃ち込んで壁に弾痕《だんこん》を残す、ダンプカーで突っ込むなど、やり方はバラエティに富んでいる。

破門　はもん

意味　ヤクザの組から追放されること

ヤクザものが組織の掟《おきて》を破ったり、不始末を犯したとき、破門と称して組から追放されることがある。そのとき、そのことを記した破門状が任侠《にんきょう》業界に回され、周知が図られることになる。

「破門」というといかにも恐ろしく聞こえるが、本人が改悛《かいしゅん》の情を示したり、落とし前をつけたりしたら、組に復帰できる可能性はあるから、まだ希望は持てる。

絶縁

ぜつえん

意味 ヤクザ業界から追放されること

絶縁は破門よりさらに重い。破門はまだ組に復帰できる望みはあるが、絶縁になるとそんな望みはまったくなく、それどころかヤクザ業界から追放される。

業界から追放されたヤクザは、悲劇的にももはやヤクザな稼業を続けることはできなくなり、強制的に真人間にされてしまうのだ。これは、ヤクザにとっては死を意味する。いつまでも悪人でいられるわけではないのだ。

ただし、最近は絶縁されたヤクザがまったく反省の色を見せず、かまわずヤクザな稼業を続ける例もある。

くんろく

意味 おどす

これも荒っぽい業界の言葉で、「脅《おど》して言いくるめる」という意味。語源はよくわからない。使っている者は語源など気にしていないだろう。弱い大関のことも「くんろく」というが（九勝六敗くらいの成績だから）、これは関係ないだろう。

我田引鉄《がでんいんてつ》

意味　有力な政治家が地元に鉄道路線を誘致すること

「我田引水」をもじった言葉。鉄道を誘致するとその地方が活性化するという考えから、有力な政治家が自分の地元に無理やり鉄道を引くことだ。おかげで、路線がとんでもなく遠回りしたり、複雑怪奇なルートを描くことになる。

有名な例が岩手県の大船《おおふな》渡《と》線《せん》で、その曲がりくねった線形から鍋弦《なべづる》線《せん》（鍋の取っ手の形の線の意）、ドラゴンレールなどと呼ばれている。我田引鉄の「田」は票田のことだとも言われている。

三バン《さんばん》

意味　地盤、看板、カバンのこと

政治家が選挙で勝つためには、地盤（支援組織）・看板（知名度）・カバン（資金力）が必要と言われ、これらをまとめて三バンという。

極めて下品な言葉なのだが、これらをそのまま譲り受ける二世・三世議員は圧倒的に有利なのは言うまでもない。逆に言えば、これら三つを奪えば、世襲議員はほぼ絶滅することになる。

井戸塀　いどべい

意味　選挙運動に財産を投じ、最後には井戸と塀《へい》しか残らなくなること

日本ではかつては政治家を志すのは名家の者だけで、政治で金を儲《もう》けることは卑しむべきことだと考えられていた。そして、政治のために財産を投げ打ち、最後には井戸と塀しか残らないほど困窮してしまった政治家は「井戸塀代議士」などと呼ばれていた。政治には金がかかるから、簡単に政治家を志してはいけないという警告がこめられていたわけだ。

地見屋　じみや

意味　競馬場などで落ちている当たり馬券を探す人

なんという悲しい言葉だろう。競馬場で落ちている当たり馬券を探し求めるのは惨《みじ》めだが、わざわざ言葉までつくられてしまうとは！　切なくなってきた。しかし、おかげでゴミが減量されるのだから、掃除の人は大助かりだろう。

旅打ち　たびうち

意味　旅をしながらギャンブルをすること

各地を放浪しながらギャンブルをし、そ

こで稼いだ金でまた旅を続ける――およそ浮世離れした言葉なのだが、ギャンブル業界ではそれなりに知られた言葉なので驚く。

寺銭　てらせん

意味　ギャンブルで胴元に払う手数料のこと

一説には、江戸時代では規制のゆるい寺社で賭場《とば》を張ったので、胴元に払うギャンブルの手数料のことを寺銭という。中央競馬の寺銭は二十五パーセント程度ということで、高すぎるという怨嗟《えんさ》の声が溢《あふ》れている。

ゲラ

意味　校正刷り

これは出版物なので、いちおう出版業界の隠語も記しておく。校正刷りを意味する「ゲラ」は英語の galley から来たもの。ゲラとは、もとは組み上げた活字の版を入れる木の箱のことである。

それにしても、ゲラとはなんと汚い響きだろうと昔から思っていた。

赤　あか

意味　誤字脱字などを訂正した文字

ゲラに修正を入れる場合、赤字で書き込

むことが多いので、略して「赤」という。訂正することを「赤を入れる」などと称する。

赤は朱とも書く。

ママ

意味　文章や表現をそのままにしておくこと

子どもの頃に本を読んでいたら、「女生《ママ》たちの世界は……」「不通《ママ》の家庭ではそうです」「水筒《ママ》係の人がやって来て……」などという記述が出てきて不思議だった。「生」も「不通」も「水筒」も「ママ」と読むのかと思ったからだ。ママと読む字は、この世になんと多いことか！

もちろんこれは誤解で、「表記が間違っているが原文のママにしておきますよ」という意味のママだった。ゲラを校正するときも、元のままにしておきたいときは、横に赤く「ママ」と記しておくのが通例だ。

アオカン

意味　野宿

野宿という意味のスラングだが、「アオ」は青空のことで、「カン」は「邯鄲《かんたん》の夢」から来たという。

邯鄲の夢とは中国の唐の小説「枕中記《ちんちゅうき》」からきた言葉で、一人の青年が趙《ちょう》の都・邯《かん》鄲《たん》近くの宿屋で仙人から不思議な枕《まくら》を借りて眠ったら、栄華を極めた一生を送った夢を見た。しかし目覚めたら、まだアワの粥《かゆ》すら煮あがっていないほど短い時間に見た夢だったとわかった、という話。

ここから転じて睡眠のことを邯鄲というのだが、「アオカン」という極めて野卑なスラングが、中国の古典文学から来ていたとは……！　にわかには信じがたい。昔の人はそこまで教養や学識があったのだろうか。

沈没《ちんぼつ》

意味　旅先でダラダラと長期間滞在すること

バックパッカー界隈《かいわい》の言葉で、旅先で動けなくなり、長期間ダラダラと滞在してしまうことを沈没という。理由としては、単に疲れた、ご飯が美味《おい》しい、物価が安い、居心地がいい、天候が良すぎる、現地に好きな異性ができたなどがある。

沈没できる土地があるということは幸福なことだ。嫌な場所なら沈没はしないのだから。初めての海外旅行でインドに出かけ、到着したゴアで沈没してしまい、何年も過ぎてしまったとかいう恐ろしい話も聞く。

きす

意味　酒

接吻《せっぷん》のことではない。芸人や露天商の間で使われる言葉で、酒のこと。「好き」を逆さにしたものだ。「好き」なら別に酒でなくてもいいと思うが……。

通常の言葉を逆さにして隠語にするというのは、「ギロッポン」(六本木)「シースー」(すし)など基本的なテクニックだ。

横浜行ってきます

よこはまいってきます

意味 トイレに行くこと

飲食業界の隠語。なぜ横浜なのかと言えば、横浜の市外局番が０４５だからだという。ダジャレだ。やはり飲食界隈《かいわい》ではトイレについては隠しておきたいもののようで、ほかにも「遠方」「突き当たり」「事務所」などという隠語がある。

ガバチョ

意味 ガムテープ

八〇年代にＭＢＳ毎日放送で「突然ガバチョ!」という番組をやっていたが、この「ガバチョ」という謎めいた言葉はガムテープのこと。テレビ業界では、ＡＤが腰からいつもガムテープをぶら下げていて、いざというときには「ガバッ」と切って使うからこう言われるとか。

風紀《ふうき》

意味 風俗店のスタッフの男女が恋愛関係になること

この言葉を初めて知ったときは驚いた。「風紀」とは「男女交際の規律」のことだと思っていたが、この場合はそれを「破る」ことを意味するのだから。

たいていの風俗店では風紀は厳禁で、それを犯せば罰金とかほかにも恐ろしい制裁があるという。どんな恐ろしい制裁かは、あまり知りたくないので書かない。

けとばし

意味 馬肉

馬肉をけとばしというのは、馬はあたりを蹴《け》とばしながら走っていくからだろう。それなら、ピョンピョン飛び跳ねるカンガルーの肉は、さしずめ「とびはね」か。馬肉のことは「桜」ともいうが、これは肉が桜の色に似ているからだ。

ヨーラン

意味 丈が異様に長い学生服。番長服

横浜《よこはま》銀蝿《ぎんばえ》の「ツッパリ High School Rock'n Roll」の歌詞に「今日も元気にドカンをきめたら　ヨーラン背負ってリーゼント」という一節があるが、カタギの人にはほとんど意味不明だろう。私も長い間謎だった。

ヨーランとは異様に丈《たけ》の長い学生服の上着のこと。漫画などで番長やツッパリが着ているような、あれだ。「洋ラン」とも書く。「ラン」とはオランダのことで、これだけで「服」を指す。「洋ラン」は洋服を指す露天商の言葉だった。ドカンとは、文字通り土管のように太くストレートな学生服のズボンのことである。

ニコイチ

意味 二台の車の部品を使って一台の車をつくること

漢字では「二個一」と書く。特に自動車業界で、二台の自動車から使える部品を持ち出し、一台の車を造ってしまうことを指す。三台からだと「サンコイチ」、四台だと「ヨンコイチ」と、どんどん増えていくからきりがない。

茶をしばく

ちゃをしばく

意味 茶を飲む

もはや死語の部類だが、大阪では「茶を飲む」ことを「茶をしばく」という。「ねーちゃん、茶《ちゃー》しばけへん?」はナンパするときの決まり文句だ。

「しばく」とは「殴る・痛めつける」とい

う意味だから、「茶を痛めつける」とはどういうことか謎だが、「しばく」がなぜ「飲む」という意味になったのかは不明だ。「しばく」が「食べる」を意味することもあり、「うどんしばく」「鳥しばく」「牛しばく」などといくらでも使える。また、一部では「ネズミしばく」という言い方もあり、これは「ディズニーランドに行く」こと。

かばち

意味　文句・詭弁《きべん》

主に中国地方で使われる方言で、文句や詭弁のこと。「モーニング」に連載されていた漫画『カバチタレ！』の「カバチタレ」とは「文句や詭弁を言う者」の意味だ。

イモひく

意味　怖気《おじけ》づき腰砕《こしくだ》けになる

あまり上等な業界で使われる言葉ではないが、そういうことである。畑でイモを引き抜く姿が、腰砕けのように見えることから。

おめ

意味　上級生の女学生が下級生の美少女を愛すること

戦前の女学生のジャーゴン（↓21ページ）。

「おめ」という響きがすごいが、これは「おめかけ」の略で、上級生の女学生が下級生の美少女を愛することを意味する。現代でも使えそうな言葉だ。同じことを「シス」「シスター」などともいった。

例文 私のおめに色目使ったりしてないでしょうね。

第5章

もやもやを言語化した言葉

生成り色 きなりいろ

意味 赤みを帯びた黄みの白

染色も漂白もしない糸や布の色。素材そのままの色で、「赤みを帯びた黄みの白」だ。「ナチュラルカラー」などともいう。

「生成り色」というといかにも古臭い響きがあるので、きっと平安時代ころからある言葉だろうと思いきや、生まれたのは一九七〇年代だという。このころは公害が社会問題になっていたので、その反動でナチュラルなものが持てはやされたのだ。

峨峨 がが

意味 山が険しく高くそびえたつさま

「峨《が》」は「険しい」という意味の漢字。中国の風光明媚《ふうこうめいび》な霊山として知られる峨眉山《がびさん》の峨である。

峻険《しゅんけん》な山を目にしたとき、「ああ、山が険しく高くそびえたっているなあ」などと言うと長すぎるだろう。そんなときは、「ああ、峨峨《がが》」とだけ言えば言葉の節約になる。余った時間でより景色を堪能することもできる。

やんごとない

意味 高貴な／やむをえない

「止《や》む事《こと》なし」が転訛《てんか》したもの。「身分が

高貴な」という意味だが、現代において「あの人はやんごとのない所《ところ》の出《で》だって」などというと、むしろ馬鹿にされているように聞こえるだろう。「やむをえない」という意味もある。

例文 やんごとのない事情で、火星への移住計画はティーガーデン星bへと変わった。

よんどころない

意味 やむをえない

「やんごとない」と「よんどころない」は響きが似すぎているので、多くの人が混同しているかもしれない。しかし、意味も「やむをえない」でほぼ同じなのだから、人を舐《な》めている。言葉を作るときは、慎重に検討してからにしてほしい。

「よんどころない」はもとは「拠《よ》ん所《どころ》ない」、つまり根拠とするところがないということで、ここから「やむをえない」という意味が出てきた。

例文 よんどころない事情で、火星への移住計画はティーガーデン星bへと変わった。

好いたらしい《すいたらしい》

意味 好ましく感じがいい

わかるようでわからないような表現。も

とは「好きになったらしい」という意味だったが、それがいつの間にか「好ましく感じがいい」という意味になったという。

用例 お常は三蔵を好いたらしい人だと思う（高浜虚子『俳諧師』）

ゆかしい

意味 心ひかれる／恋しい。懐かしい。上品である

「行く」が形容詞になったもので、「心が引かれてそこに行ってみたい」というのがもとの意味。「床しい」「懐しい」などとも書くが、これは当て字。

ここから、懐かしいとか、恋しいとか、上品であるといった意味が出てきた。もとは「行ってみたい」なのだから、曖昧《あいまい》かついろいろな意味に使えて便利な言葉だ。

はしっこい

意味 すばしっこい

「はしこい」が変化した言葉。方言のようにも聞こえるが、そうではない。「はしこい」は漢字で書くと「敏捷い」とやたらと複雑になる。

用例 私の叔母でも、母親でも強健《つよ》い捷敏《はしこ》い気象です（島崎藤村『旧主人』）

いぎたない

意味　眠りこけている／寝相《ねぞう》が悪い

この語は「いぎたない食べ方をするなよ」というふうに「見苦しい」という意味で使われることがあるが、それは誤用。漢字では「寝穢《いぎたな》い」で、「眠りこけている／寝相が悪い」という意味だ。それにしても、単に寝ているだけなのに「寝穢い」とは、漢字がひどすぎるだろう。寝相が悪いのは人間の権利である。

猪口才　ちょこざい

意味　生意気なこと

「この、ちょこざいな小僧め！」などと時代劇などには出てくるが、実際に使った人はほぼいない言葉。もし使ったことがあるというなら、尊敬に値する。チャレンジ精神があるからだ。

意味がよくわからない語でもある。漢字では猪口才と書くが、これは当て字。お酒を飲むときに使う「お猪口《ちょこ》」とは何の関係もないからだ。どうやら、ちょこは「ちょこちょこ」というときのちょこで、「ちょっとした才能がある」といった意味のようだ。

すっとこどっこい

意味　馬鹿野郎

相手を罵倒《ばとう》する言葉には、深い意味がないことが多い。だから、「このすっとこどっこいめ!」と罵《ののし》られても、「すっとことは何なのか、どっこいは何を象徴しているのか」などと悩む必要はない。

すっとこどっこいは山車《だし》の上で囃《はや》される馬鹿囃子《ばかばやし》の中の囃子言葉で、せいぜい「馬鹿野郎」ほどの意味。囃子言葉だから深い意味はない。

衍字　えんじ

意味 間違って入り込んだ余計な文字

抜け落ちた字のことを脱字という。しかし、その反対の「あやまって入り込んだ字」を指す言葉やはあまり知られていない。これを「衍字」という。「衍《えん》」とは「あまる」という意味だ。なお、この項目の中にも一つ衍字があるので、暇な方は探してみてください。

とっけり

意味 熟睡しているさま。ぐっすり

「とっくり」（十分にの意）が変化した語だとされている。何か引っかかっているような響きで、あまり熟睡しているようには聞こえない。

用例 夜も心よく帯解てとっけりと寝る事なく（天狗堂転蓬作『西鶴伝授車』）

てれこ

意味　互い違いにすること。あべこべ

なぜか淫靡《いんび》な響きのする語。テープレコーダーの略ではない。「ていれこ」が変化した語で、あべこべということ。主に関西で使われる言葉。

しるく

意味　はっきりと見えるさま

もちろん英語の silk（絹）ではない。形容詞の「著《しる》し」の連用形で、はっきり見えるさまを意味している。

用例　さまざまな色を重ねた袖口《そでぐち》が、夜目《よめ》にもしるくこぼれ出して来た（谷崎潤一郎『少将滋幹の母』）

事後諸葛亮　じご しょかつりょう

意味　後知恵

諸葛亮《しょかつりょう》とは、中国三国時代の高名な軍師・諸葛孔明《しょかつこうめい》のこと。いくら諸葛亮が天才だったとしても、戦いで負けた後になってから、

諸葛孔明像

「あの兵隊を五千人、北西に移していれば勝てたんだ。俺ちゃんとわかってたんだもんね」などと言い訳しても何にもならない。

　このように、後知恵を出して偉そうにする者を事後諸葛亮（事后诸葛亮）という。最近になって言われ始めた言葉だが、諸葛亮の時代から二千年を経てわざわざこんな言葉をつくる中国人の創造力はすばらしい。

来熊《らいゆう》

意味　熊本に来ること

「来熊」とは、熊が向こうからやって来ることではない。「熊本に来る」という意味。「らいゆう」と読まれるが、地元では「らいくま」と読むこともあるという。

　自分の土地に来ることを「来○」と表現する例はかなり多い。来松（松江）、来分《らいいた》（大分）、来姫（姫路）、来阪《らいはん》（大阪）、来沢《らいたく》（金沢）、来岐（岐阜）、来寧《らいねい》（奈良）、来沖《らいおき》（沖縄）――など、放っておくときりがない。こういうものは言ったもの勝ちになるので、自分の住んでいる小さな村でも「来○」などとかまわず言ってしまおう。百年後には辞書に載っているかもしれない。

シャーデンフロイデ

Schadenfreude

意味　他人の不幸を喜ぶこと

えげつない言葉だ。ドイツ語のSchaden（損害）とFreude（喜び）を組み合わせたもの。

なお、英語ではRoman holiday（ローマの休日）などという。そう、オードリー・ヘップバーンが出演したことで有名な映画のタイトルだ。この言葉は、古代ローマ人が休日に奴隷が戦い殺しあうさまを見て楽しんだことから来ている。

「ローマの休日」の有名すぎるシーン

袖ビーム　そでびーむ

意味　ガードレールの端の丸まった部分

この世には、知る人ぞ知る言葉だが、知っていてもあまり役に立たない言葉がある。「袖ビーム」がそれで、ガードレールの端の丸まった部分を指す。誰もが見たことがあるが、それがなんというのかわからず、別に知っても得はしないので、そのままにしていた人が多いはずだ。

beamとは梁《はり》のことで、ガードレールの本体の鉄板を指す。「袖」とはその端のこ

袖ビームとは……

とだ。袖ビームはまったく意味のない存在のように見えるが、車が衝突したときのダメージを和らげたり、ガードレール間の隙《すき》間《ま》を埋めたりといった積極的な役割がある。

どういうわけか袖ビームには熱狂的なファンがいるようで、京都大学袖ビーム同好会などいくつかの愛好家団体が存在する。いったい何が彼らを袖ビームへ駆り立てるのか。

例文　三丁目の交差点の、東から数えて二十九個目の袖ビームの前で待ち合わせしよう。

思うに任せない

おもうにまかせない

意味　思った通りに事が進まない

わかったようなわからないような言葉。思うに任せないのだから、きっと思うに任せなかったのだろう。「思った通りに事が進まない」ことは、よくあることだ。思うに任せられるほうが、ずっと少ないだろう。この項の解説もなかなか思うに任せない。

漢方薬効果《かんぽうやくこうか》

意味　じわじわと効いてくること

広告業界の言葉で、CMの効果が漢方薬のようにじわじわと効いてくること。CMの効能をすぐに求めるスポンサーに対して「このCMは漢方薬効果を狙《ねら》っておりまして……。三十年後を楽しみにしていてください」などと言っていなすのには効果がありそうだ。

白粉臭い《おしろいくさい》

意味　水商売っぽい／色っぽい

「白粉《おしろい》の匂いがする」というのが原義だが、転じて白粉を多用する水商売っぽい、さらに転じて色っぽいという意味になる。

なぜ女性が白粉をするかと言えば、もちろん日本では昔から女性は色が白いほうが美しいとされてきたからだ。死語にもなった「ガングロギャル」が流行になったのは、今のところ数少ない例外である。

花恥ずかしい《はなはずかしい》

意味　女性が若く美しい／若い女性が恥じらうさま

「花も恥じらう」とほぼ同じ意味。といっても、「花も恥じらう」という言葉は、わかるようでわからない。恥じらっているのは、花なのか娘なのか？
これは、「羞花閉月《しゅうかへいげつ》」（花も恥じらい、月も隠れるほど美しい女性の意）という言葉もあるが、恥じているのは花のほうだ。

喋喋しい
ちょうちょうしい

意味 おしゃべりなさま／調子がいい
「喋《ちょう》」は「しゃべる」という意味だから、「喋喋しい」でおしゃべりなさま、ひいては調子がよくていい加減、という意味。「喋喋」だけで口数が多いことを意味する。確かに喋りまくっているような響きだ。

用例 珍しくお銀に喋喋しく挨拶《あいさつ》をして（尾崎紅葉『二人女房』）

好かんたらしい
すかんたらしい

意味 好かない。いやらしい
すかたん（まぬけの意）ではない。「好かん」に接尾語の「たらしい」を接続した言葉。ためしにこの語を変換したら「素寛太らしい」となり、まともな言葉にはならなかったので、意外と知られていない言葉のようだ。

用例 何でこないな無粋《ぶすい》な真似をおしやすのやろ。好かんたらしいお小姓やわ（薄田泣菫『茶話』）

ざんない

意味　見るにたえない。むごい

漢字では「慙無い」と書く。「ざんない」は、「無慙《むざん》」という言葉を読み下し文にしたもの。まがまがしい響きの語である。

婀娜

あだ

意味　女性が色っぽいさま

「あだ」という響きは大和言葉のように思えるが、実は漢語の「婀娜」から来ている。「婀娜っぽい」などとも使い、女性が艶《なま》めかしく色っぽいさまを指している。「仇《あだ》」と響きも意味も似ているような気がするが、それは恐ろしい偶然である。

例文　婀娜な女の髪が流れるのを眺めていた。

ちゃくい

意味　ずるい

「着衣」とは何の関係もない。「ちゃくい」は形容詞で、「ずるい」という意味。確かにせせこましい語感だ。「ちゃっくい」ともいう。

用例　泉はちゃくいぜ。（中略）下読みなんぞした事はないいんだとさ（芥川龍之介『父』）

ざっかけない

意味 粗野で荒っぽい

いかにも荒っぽく粗野な感じのする語感だが、意味もその通りで「粗野で荒っぽい」こと。東京や静岡などの方言である。

用例 見ると、いつものざっかけない衣装とちがって、八反《はったん》の上下に茶献上の帯（久生十蘭『顎十郎捕物帳』）

さくい

意味 あっさりしている

すごく軽薄な語感。「あっさりしている・気さくな」という意味だから、解説もあっさりとさくく行く。

用例 なかなか人好きのする風で談話《はなし》をしてもさくくて面白い（二葉亭四迷訳『めぐりあひ』）

木暗い　こぐらい

意味 木が茂っていて暗い

この語もパソコンで変換できないので、安心して採用できる。文字通り「木が茂っていて暗い」という意味。「小暗《こぐら》い」（ほのかに暗いの意）ではない。キャンプに行ったときにさりげなく使ってみよう。

継しい　まましい

意味　親子や兄弟などが血がつながっていない

「継母《ままはは》」という言葉は奇跡的だ、と思ったことはないだろうか。「継《まま》」という語はまるで英語の mamma というふうに聞こえるが、母親という意味はまったくないのだから。「継しい」は子や兄弟などの血がつながっていないことを意味している。

面黒い　おもくろい

意味　おもしろくない／おもしろい

嘘ではなくて実在する言葉。江戸時代の職人や通人の言葉で、「面白い」をひっくり返して「面黒い」といったもの。半分ダジャレだが……。

ややこしいことに、意味が二つある。面白いの反対だから「面白くない」という意味と、そのまま「面白い」という意味だ。「いったいどっちなんだ」と言いたくなるが、これは英語の bad が「悪い」という意味と「良い」という意味の二つがあるのと同じ現象だろう。

カタギの言葉をひっくり返して使うのは、「ジャーマネ」「グラサン」など、隠語にはよくあること。

用例　これは面黒い。ぜひやってみましょう（国木田独歩『号外』）

よざとい

意味 夜中に目を覚ましやすい

漢字では「夜聡い」と書く。聡《さと》いとは「明敏・敏感な」という意味で、夜中に敏感で目を覚ましやすいこと。

用例 妙子は常から人一倍夜聡く、些《さ》細《さい》な故障にも直《す》ぐ眼を覚ますたちであるのに（谷崎潤一郎『細雪』）

虫強い　むしづよい

意味 我慢強い／好色である

カブトムシやクワガタといった虫が強いと言っているわけではない。この場合の「虫」とは昆虫のことではなく、「腹の虫」とかいうときの「心の奥の感情」という意味だ。

用例 むしづよう半年余りもこらえて見たれど（永井堂亀友『世間姑気質』）

またい

意味 完全である

あまり日本語的な響きがしないが、古来からある日本語だ。

漢字では「全《また》い」と書き、完全なこと。しかし、今では「またい」というより「完全だ」というほうが意味が通じるから不思議だ。「まったい」ともいう。

用例　我等猫族が親子の愛を全くして美しい家族的生活をする（夏目漱石『吾輩は猫である』）

頑是ない　がんぜない

意味　幼くて道理がわからない／無邪気だ

響きはゴツゴツして堅苦しいが、おもに子どもに対して使う。「頑是《がんぜ》」とは是非の区別ということで、それが「ない」わけだから、意味としては「道理がわからない・無邪気」ということだ。

面憎い　つらにくい

意味　顔を見るのも憎たらしい

わかりやすすぎる語だろう。「かおをみるのもにくたらしい」だと十三字にもなるのに、「つらにくい」だとわずか五字なのだから。憎くなったら、どんどん使っていただきたい。

ジャーキング　jerking

意味　入眠時に起きる筋肉の痙攣《けいれん》

授業中に、一人の生徒が居眠りしていた。呑気《のんき》にこっくりこっくりしていたのだが、突然「うわー！」と叫んで目を覚ました。まわりの生徒は驚いて「どうしたんだ!?」と聞くと、その生徒は青ざめた顔で言った

――「い、いま、階段から落ちたんや」

……こういう恥ずかしい経験をしたことがある方はいるかもしれない。うつらうつらしているときにビクッと痙攣《けいれん》して目覚めてしまうことがあるが、これをジャーキングという。往々にして、高いところから落ちたような夢を伴《ともな》う。恥ずかしい体験に、わざわざ医学的な言葉を用意してくれているのだ。

トートロジー tautology

意味 同義反復

「嫌なものは嫌なの！」「お店が開いているときは開店しています」などといった、同じ意味の言葉を繰り返すこと。

日本のある政治家が言っていた「今のままではいけないと思います。だからこそ日本は今のままではいけないと思っている」もこの類《たぐい》だろう。

スコヴィル値 Scoville scale

意味 トウガラシの辛さを示す単位

辛いものを食べたとき、あまりに辛すぎて言語中枢が崩壊し、辛さを表現する言葉が見当たらないという経験があるかもしれない。そんなときは、辛さを示す単位であるスコヴィル値を知っておくと便利だろう。

スコヴィル値は一九一二年にアメリカの

化学者ウィルバー・スコヴィルが考案したもの。測定の仕方はこうだった。アルコールでトウガラシのカプサイシノイド（辛み成分）を抽出し、これを砂糖水で薄めていく。これを被験者に舐《な》めさせ、辛さを感じなくなるまで希釈していく。この希釈した倍率がスコヴィル値だ。

しかし、「人間に舐めさせて辛くなくなるまで続ける」とは、なんというアナログな測定法だろう（現在は測定する機械があるが）。

ちなみに、ピーマンパウダーのスコヴィル値は1〜10、タバスコは1600〜5000、チリパウダーは3万〜5万。ギネスに認定されているもっとも辛いトウガラシであるPepper Xは

スコヴィル値を掲げてトウガラシを売る（アメリカ）

269万3000だ。タバスコの千倍くらいはあるということになる。そこまで辛くしてどうするんだとは思うが、それは「トウガラシは辛いほうがえらい」という人々がいるからしかたない。

やさぐれる

意味 すねる。投げやりになる

「やさ」は家という意味なので、本来は露天商や不良の隠語で「家出する」ということ。しかし、「ぐれる」という部分に引っ張られて「すねる」という意味で使われることも多い。

ざまく

意味 乱雑なさま・ぞんざい

zamakuというのはあまり日本的な響きではない気がするが、古くからある日本語だ。わずか三字で「乱雑でぞんざい」なさまを表現できるのは、気の短い人には便利である。

目怠い めだるい

意味 見ていてじれったい

もとは「目が疲れる」という意味なので、見ていて目が疲れるほどじれったくてまだるっこしいということだろう。

レソロジカ lethologica

意味 言葉を忘れてしまって出てこないこと

lethologica はギリシア語の letho（忘れっぽい）と logos（言葉）を組み合わせたもの。

言いたい言葉がなかなか出てこずに、苦しんだことは誰でもあるだろう。そういうときは、「ここまで出かかってるんだけどなあ」などと弁明するものだが、それでは知性のかけらもないので、これからは「ああ、レソロジカ！」と言ってみたい。もっとも、レソロジカという言葉を忘れている可能性のほうが高いだろうが、それは忘れてほしい。

パキッテ PAKITTE

意味 真ん中を割ってソースやジャムなどを出す容器

コンビニでアメリカンドッグなどを買うと、ケチャップやマスタードを入れて付いてくるのが、このパキッテという容器である。真ん中で割ると中身が難なく出てくる。パキッテはか

パキッテ

つてはディスペンパックと呼ばれていたが、二〇一九（令和元）年からパキッテ（PAKITTE）に改称されている。

コンビニに買い物に行ったとき、「ケチャップをつけてください」などと言わずに、「ちょっとごめん、そのパキッテつけてくれる？」とさりげなく言えば、いろんな意味で周囲の注目を集めるだろう。

寝刃　ねたば

意味　切れ味が悪くなった刀剣の刃《やいば》

切れ味の鈍った刀の刃を「寝刃」と呼ぶのは、とてもわかりやすい。刃が寝ているのだろう。「なまくら刀」という言い方もあるが、「寝刃」のほうがはるかに省エネである。

ペトリコール　petrichor

意味　雨が降ったときに地面から立ち昇ってくるにおい

こんな現象に名前がついていたとは驚愕《きょうがく》だ。petrichor は英語で、岩や石を意味するギリシア語から来ている。

ペトリコールは、土の中の植物性油脂やジオスミンという有機化合物が地面から立ち昇《のぼ》ってくることから起こるという。

第6章

ほぼ絶滅したレトロな言葉

同盟罷業　どうめいひぎょう

意味　ストライキ

労働者のストライキのことを、昔は「同盟罷業」といった。つまり、「同盟して業務を罷《や》める」ということだ。ストライキという軽めのカタカナ語が、同盟罷業というと一気に重々しくなるのがよい。こちらのほうがストライキもやる気が出るだろう。

現金係　げんきんがかり

意味　レジ係

お店のレジ係のことを、かつては「現金係」といった。現金係というと、あたかも店の現金を握った権力者のように聞こえてくる。今からでも「現金係」に呼び方を戻したほうがいいだろう。

なお、お金を出入するキャッシュレジスターの機械のことを「金銭登録機」ともいう。これだと、まるでこの機械が、自分で通貨を製造して登録できる権力者という感じがする。

外交家　がいこうか

意味　多くの男学生と交際する女学生

これは戦前の女学生の言葉。多くの男学生と交際している女学生を「外交家」といった。外交家とは本来は「他人との交際がうまい人」ということだから、こういわれるとなんとなくしゃれた感じがする。とうぜん、見境なく男と付き合う女を軽侮《けいぶ》したニュアンスがあるにしろ――。

サイレン・ラブ

意味 ビルディングで働いている男女が、正午のサイレンを聞くと同時に、お互いの恋人のことを思い浮かべて黙《もく》禱《とう》すること

意味が長すぎるかもしれないが、この通りである。戦前の言葉だ。

当時は都会のビルディングで働いている男女は、とうぜん時代の最先端を行くモダンなエリートだったのだろう。その綺羅《きら》綺《き》羅《ら》した男女が、正午のサイレンの音を聞きながら、会えない恋人のことを密《ひそ》かに思い浮かべ、黙禱を捧《ささ》げるわけだ。

もっとも、本当にこんなにお洒落《しゃれ》ですかした世界が本当に存在したのかは、疑わしい。たとえば、ちょっと前のテレビドラマを観ても、登場人物は必ずブランドものを身にまとい、塵《ちり》一つないオフィスにたむろしていて、男女がくっついたり離れたりしているだけでまったく仕事をしている気配はなく、それなのに部屋の中に螺旋《らせん》階段がある豪勢なデザイナーズマンションに住んでいたりするが、そんな人が現実に大勢いるとは、誰も思わないだろう。

モダン信号《もだんしんごう》

意味　モダンな世界で暮らす人々が送るお洒落《しゃれ》な合図

一九三二（昭和七）年に出た『社会ユーモア・モダン語辞典』という本には、「モダン信号」としてこんな合図があったと記されている。

・スカートを少しまくると、「大丈夫よ」というサイン

・スカートを大きくまくり上げると「ホテルに行きませんか」というサイン

・顔を右に向け、左手を垂直に垂らし右手を直角に向け、首を右に曲げれば「午前九時半」という意味

……などともっともらしいことが書かれているが、これらが本当かどうかはわからない。もちろん、嘘《うそ》だという証拠もない。現代でも歌舞伎町でパパ活している女たちには、関係者にしかわからない合図やサインがあるに違いない。

アマちゃん

意味　ガリ勉

NHKのドラマのタイトルではない。戦前の書籍に載っている言葉で、ドイツ語のAmazoneから来たという。活動写真も観《み》ず、スポーツもせず、お洒落《しゃれ》もせずマル

クス主義に溺《おぼ》れることもなく、試験のことばかり気にしてガリ勉をしている人間のことをいう。現代の「甘ったれた人」という意味からかけ離れすぎだろう。これでは現代で通じるわけがない。

エル

意味　恋人／ラブレター

戦前の学生の間で使われていた言葉。「エル」は〝L〟であり、lover あるいは love letter の頭文字だ。やはり恋人や恋文のことは大っぴらには話しにくかったのだろう。夏目漱石の『吾輩は猫である』には、女に恋文を送ってしまい、これが露見すると自分は退学になるのではないかと悩む男子学生が出てくる。

なお、lover からは「ラバさん」という言葉も生まれている。どれもめでたく死語になっている。

ルビつき

意味　妻や子どもがついてくること／お手伝いさんを連れ歩くマダム

ルビとは振《ふ》り仮名《がな》（←こういうもの）のこと。漢字に振り仮名がついているところが、妻や子どもやお手伝いさんが付いているように見えることから、「ルビつき」と呼んだ。

さて、ルビとはもともと英語の ruby だという。つまり宝石のルビーだ。イギリスでは活字の大きさを宝石の名前で呼んでいて、日本語のルビに使われる七号活字が、欧米の活字のrubyとほぼ同じ大きさだからという。rubyというと煌《きら》びやかで可憐《かれん》に聞こえるが、日本語でルビというとなんとなくチマチマしてけち臭く感じるのはなぜか。

彼女　かのじょ

意味 自分のこと

戦前の若者用語で、自分のことをわざわざ「彼女」と三人称で呼び、「彼女はすっかりセンチになったのよ」などと使う。センチになったのは自分のくせに、わざわざ三人称で「彼女」と言っているのだ。まるで他人事《ひとごと》だ。

自分のことを客観的に突き放して三人称で呼ぶのが、いかにもクールに聞こえてよかったのかもしれない。なお、「彼女」という言葉自体が新しいもので、普及したのは大正時代以降にすぎない。

日本語では昔は「彼」は男女両方を指す言葉だった。明治時代になって、西洋の言葉を訳すときの都合上、「彼の女」という言葉が生まれたが、これは初めは「かのおんな」と読んでいた。この「女」が「じょ」と読まれるようになり、「かのじょ」という言葉が生まれた。「ヘイ、カノジョ！」

という軽薄な呼びかけの背後には、このような壮大なドラマがあったのだ。

シャン

schön

意味　美人

戦前の旧制高校の生徒から広まった言い回しで、美人のことをシャンという。これはドイツ語のschön（美しいの意）から来ている。もっとも、発音は「シェーン」のほうが近いのだが……（oとeの間の音である）。

このシャンには膨大《ぼうだい》な数の派生語があった。たとえば、「すこシャン」（すこぶる美人）、にくシャン（肉体的美人）、すたシャン（スタイル美人）、バックシャン（後ろ姿が美しい女性）、イットシャン（性的魅力のある美人）、ツンシャン（芸者）、トイメンシャン（絶世の美女）などだ。

よほど美人に関心があったのだろう。しかし、月日は残酷に流れゆき、この中で辛うじて生き残っているのは「バックシャン」くらいか。やはり美人は薄命のようだ。

乳おさえ

ちちおさえ

意味　ブラジャー

前に昔の小説を読んでいたら、「彼女は乳おさえを艶美《えんび》にのぞかせ……」などという一節に出会って、大笑いしたことがある。「乳おさえ」がブラジャーを意味することはすぐにわかったが、あまりにも風情と色気がなさすぎるだろう。言葉は意味がわかればそれでいい、というものではないことを痛感した一瞬だった。

ブラジャーはフランス語の brassière から来ている。日本でブラジャーが市販され始めたのは昭和の初期だが、なかなか普及することはなかった。豊胸手術が人気となっている現代から見ると信じられないかもしれないが、当時は女性の胸は小さいほうが美しいとされていて、わざわざ乳房にさらしを巻き、小さく見せていたのだ。

「乳おさえ」は色気がないが、ほかにも「乳バンド」「乳あて」などというさらに色気がない呼び方もあった。

ストーム storm

意味 旧制高校の寮で学生が乱暴狼藉《らんぼうろうぜき》をはたらくこと

旧制高校では、夜中に学生が歌を歌いながら下級生の寝静まる部屋になだれ込み、「貴様ら！　起きろ！」と喚《わめ》きながら鐘を鳴らし、布団の上から下級生を踏みつけたり、布団をはがして寝ている者を起こし、酒を強要するといった「しごき」があった。これを「ストーム」といった。英語の storm（嵐）から来ている。

野蛮な風習に見えるかもしれないが、これは一種の通過儀礼なのだろう。集団に新しい人間を迎え入れるとき、割礼を施《ほどこ》すとか、フェラチオやアナルセックスをさせるとか（パプアニューギニア）、高いところから飛び降りさせる（メラネシアのバンジージャンプ）などは、世界中で見られる。新参者に苛酷《かこく》な使命を与えることにより、今までの自分を一度殺し、新しい集団の一人として再生させるという儀式なのだ。会社の厳しい新人研修や圧迫面接もこの一種だろう。

エッチ

意味 夫

「エッチ」と言えば、今ではいかがわしいものを指す言葉になっているが、戦前では夫（husband の頭文字）を意味する女学生の言葉だった。まあ、夫もいかがわしいと言えばそうなのだが。

その後、エッチは hentai の頭文字となり、「変質者」「いやらしい」という意味となった。セックスのことをエッチというのは、一九八〇年以降に明石家さんまや島田紳助などが流布させたという。

さらに hentai は世界へ渡り、今では「エロチックなアニメーション」を指す言葉となっている。geisha（芸者）、bukkake（顔に精液をぶっかけること）、karoshi（過労死）などとともに、日本の文明を象徴する言葉となっている。

例文 貴女《あなた》の理想のエッチはどんな感じかしら？

イット

意味　性的魅力

前に日本の某首相がＩＴ革命という言葉の意味がわからず、「イット革命とは何なんだ」と聞いたという話があるが、それとはまったく関係ない。

「イット」とは性的魅力のことである。一九二七年にアメリカで"It"という映画が上映され、その主演女優であるクララ・ボウがセクシーで官能的だということで大評判になったことから生まれた言葉だ。

ちなみに、英語にもitには性的魅力という隠された意味がある。日本語でも性的なものを指すときに、しばしば「アレ」「ソレ」などとごまかして言う。エロスにタブーが絡《から》みつくのは、どの文化圏でも同じだ。

なお、いまクララ・ボウの写真を見ると、肉感的でセクシーというよりは、男に媚《こ》び誘うような、蠱惑《こわく》的でコケティッシュな魅力を感じる。

「イット」の女、クララ・ボウ
（1905～1965）

ちょめちょめ

意味　いちゃつくこと

俳優の山城新伍氏が創始した表現。彼は一九七九（昭和五十四）年から一九八五（昭和六十）年にかけて放送された『アイ・アイゲーム』という番組で、「××」という伏字を「ちょめちょめ」と発音した。「××」にあたる言葉はエロチックなものが多かったため、いつしか「ちょめちょめ」は「男女がいちゃつく」といった意味を持つようになった。

もとは別に「ちょめちょめ」じたいがエロチックな意味を持っていたわけではない。今でいう「ほにゃらら」などと同じなのだが、「ほにゃらら」もそのうちいかがわしい意味の言葉になるかもしれない。すでに響きがなんとなく妖《あや》しい。

学費稼芸者《がくひかせぎげいしゃ》

意味　学費を稼ぐためになった芸者

「学費稼芸者」という妙な言葉が大正時代の本には載っている。当時は、学費を稼ぐために一時的に芸者になる女性がいたらしい。

「ああ、昔の女性は努力家で向学心があったんだなあ」などと感心するかもしれないが、この話がどこまで本当なのか疑わしい。

現代でも、「学費が払えなくて困ってい

るの……」と泣き言を言って同情を買うパパ活女子や頂き女子がいるからだ。「シャネルのバッグが欲しいの」とか「ホストの翔也をナンバーワンにしてあげたい」などと言うよりも、男の同情を買い金を引き出すには有効だろう。

すべた

意味 不良少女。娼婦《しょうふ》

「すべた」の語源はポルトガル語のespada（剣の意）だという。これは英語のspade（スペード）で、めくりカルタでは点にならない最低のカードなので、やがて「つまらないもの」を指す言葉となった。

しかしspade（スペード）は英語ではもともと「王侯貴族」を意味するのだから、驚きである。「すべた」と「王侯貴族」、意味が違いすぎるだろう。どこかで世界線が捩《ねじ》れて狂ってしまったのか。

なお、ずべ公（不良少女の意）もすべたから来た言葉だ。

大正芸者

たいしょうげいしゃ

意味 芸よりも体を売る芸者

明治が大正に改元されると、突然店名を「大正○○」に変える店が続出した。流行に乗っかりたかったのだろう。

しかし、おかげで「大正」と言えば「偽物」

「いかがわしい物」の代名詞となってしまった。作家の永井荷風《ながいかふう》は「贋物《にせもの》には大正とか改良とかいう形容詞をつけて置けばいいんだろう」などと記している。

　だから「大正芸者」というのは偽物の芸者、つまり芸より体を売る娼婦、ということになる。

銘酒屋　めいしゅや

意味 銘酒を売っているという名目で売春をさせる店

「銘酒屋」というのだから、さぞかし銘酒（高級な酒）を飲ませてくれるお店かと思うかもしれない。

　しかし、実態はまるで違う。確かに店の中にはこれ見よがしに高級酒の瓶《びん》が並べられているが、それらは空瓶か、まったく別の液体が入っているかのどちらかだ。この店で、本気で美酒を堪能する者は一人もいない。なぜなら、ここは酒場と見せかけた売春宿だからだ。店の中には娼婦《しょうふ》たちがたむろしていて、やって来た客と交渉し、店の奥などでいたすのである。浅草に銘酒屋が乱立していたことが知られている。

　この手の偽装した売春窟《くつ》はほかにも絵葉書屋、造花屋、矢場《やば》（矢を射させる遊び場）など、いくらでもある。人類の頭脳からは、この手の知恵は無限に湧《わ》いてくるものらしい。

青線
あおせん

意味 もぐりの売春街

街を歩いていて、時おり不思議な地域にたどり着くことはないだろうか。妙に古めかしい建物が多い。空気がどこか湿っていて、疲れている。野良猫がやたらとうろついている。古ぼけたスナックや旅館、バー、風俗店などが点在している――こういう場所は、かつて青線・赤線地帯だったことがしばしばある。

一九四六（昭和二十一）年、日本で公娼《こうしょう》制度が廃止された後、特殊飲食店街のみに私娼《ししょう》を置き、その私娼の自由意思により体を売ることが認められた。警察はこの地域を地図で赤くマーキングしたので、この手の街を「赤線」という。

ところが、この赤線の外にいるにもかかわらず、勝手に売春させるもぐりの店も後を絶たなかった。これらが「青線」である。語源は、警察がその地域を青くマーキングしたからとか、ある新聞記者の造語だとか言われている。

青線地帯は、東京では歌舞伎町や三光《さんこう》町《ちょう》が知られている。三光町とは、いまでは外国人観光客に人気の新宿ゴールデン街のあるところだ。

花柳界
かりゅうかい

意味　遊女や芸者の世界

花柳界という言葉は中国の花街（遊郭のこと）や花柳苑（遊女屋のこと）から来ている。芸者や遊女の世界のことだ。花柳は「美しいもの」のたとえでもある。色街、花街も同じ意味。

新地　しんち

意味　新しく開かれた土地／遊里《ゆうり》

神戸に新開地《しんかいち》という地名があるのは昔から知っていた。歓楽施設のある優美かつハードボイルドな街である。「なんだか新しく未来的な地名だな」と感心していたのだが、後に新開地という地名は全国にあると知って驚いた。新地という地名はさらに多いだろう。

新地・新開地は、文字どおり「新しく開かれた土地」という意味だが、新しい土地には遊興施設がつくられることが多かったため、いつしか新地・新開地は歓楽街をも意味するようになった。

新地や新開地という地名が、いかに各地に散らばっているかは驚くばかりだ。一番有名なのが、いまや世界的に名前が轟《とどろ》いている大阪の飛田新地だろう。

それにしても、新地とは言いながら、今やとてもレトロな街が多いのが面白い。

カフェー／カフェ

意味　女給が洋酒などを飲ませる飲食店

現代のお洒落《しゃれ》ないわゆる「カフェ」とはすこし違う。

日本における最初のカフェーは一九一一（明治四十四）年に東京の銀座にオープンしたカフェ・パウリスタだが、カフェーはしだいに女給にエロチックなサービスをさせる場へと変わっていた。たとえば、女給が客の膝の上に座ったり、スカートをまくって踊ったり、客に万年筆で自分の太ももにサインを書かせるなどだ。女給がエロサービスを行うのは、彼女たちは店から給料をもらっていなかったので、客からのチップに頼るしかなかったからだ。

後のキャバレーやバーに似た存在だろう。カフェーは、しまいにはただの売春宿と変わらないものに「進化」を遂《と》げてしまった。

銀座のカフェ・タイガー（円内）とカフェ・クロネコ（左）

純喫茶　じゅんきっさ

意味 酒を出さない喫茶店

しばらくは旧時代の遺物とされていたが、最近はレトロブームに乗ってふたたび注目を集めている「純喫茶」。本来は「酒を出さない喫茶店」という意味だ。

「純喫茶があるなら、不純喫茶という店もあるのか？」という疑問は多くの人が抱いたことがあるだろう。この疑問は、半分は当たっている。純喫茶とは、カフェーなどのエロチックなサービスを売り物にする「特殊喫茶」と区別するために使われた言葉である。

女給　じょきゅう

意味 カフェー・キャバレーなどで客を接待する女性

カフェーなどで客を接待する女性を当時、女給といった。女給は昔の小説にはよく出てくるが、すでに死語である。これは、女給という言葉は侮蔑《ぶべつ》的だということで、戦後にはホステスと呼ばれるようになったからだ。

しかし、最近はホステスという表現も微妙だということになり、「キャスト」などと呼ばれるようになっている。この「キャスト」もやはり差別的だと言われ、そのうち別の言葉に変わるだろう。まったくきりがない。言葉を別のものに変えても、その言葉に別のイメージがつくだけだ。

新聞縦覧所《しんぶんじゅうらんしょ》

意味 新聞や雑誌を自由に閲覧できる施設

新聞縦覧所とは、明治初期に横浜に初めてできた、新聞などを自由に閲覧できる施設である。

こういうと、いかにもインテリやジャーナリストが集《つど》う場所と思うかもしれないが、そうではない。初めは確かにそうだったのだが、しだいに厚化粧の女性が多数たむろし、客を引く場所へと変わってしまった。しまいには、文字など読めないのに、女目当てに新聞縦覧所に詰めかける客まで現れた。このインテリジェントかつ淫靡《いんび》な施設は、昭和の初期まで存続した。

ミルクホール

意味 牛乳やパンなどを出す気軽な飲食店

二十世紀初めころから、牛乳やパンなどを出すミルクホールなる店が流行《はや》り始めた。初めは新聞縦覧所の性格を受け継ぎ、新聞や雑誌が無料で読めた。

『大正営業便覧』という本によると、メニューには「ゼルシー（ジャージー）牛乳五銭」「ミルクセーキ　十銭」「氷レモン三銭」「ジャム　バタ付き食パン五銭」といったものがあった。「玉子入牛乳　八銭」というのもあったが、牛乳に卵を入れて飲ませていたのだろう。「氷牛乳　五銭」という妙なのは冷たい牛乳のことで、通常は牛乳は温めて出していたのだ。

ミルクホールの多くは、戦後には消滅してしまった。ほかにも「蜜豆《みつまめ》ホール」「きんつばホール」などという店もあったという。

用例　雨のあがったぬかるみの電車通りを、やっとミルクホールを探しあてて三人で一本ずつ牛乳を註文して飲んだ（林芙美子『下町』）

ヨイトマケ

意味　土木作業で、重い槌《つち》を滑車で上げ下ろしし、土固めすること。またはその人。多くは女性

ちょっと前にカンボジアの田舎に行ったら、道路工事の作業はほとんど女性が行っていた。しかも、機械を使わない手作業だった。

現代日本では、土木作業をするのはもっぱら男性だと思い込まれているが、少し前まではカンボジアと同様に女性も従事していた。炭坑でも女性が真っ黒になりながら坑道を這《は》いずり回っていたのだ。

「ヨイトマケ」とは、かつて土木作業の時

に、土を固めるために、数人で重い槌を上げ下ろしする労働者を指す。上げ下ろしするときに「ヨイトーマケ！」というかけ声をかけるから、この名前が生まれた。そして、その多くが女性だったのだ。

美輪明宏《みわあきひろ》の有名な「ヨイトマケの唄《うた》」は、主人公の母親がヨイトマケで、汗と泥にまみれて主人公を育て、やがて主人公は大学を出てエンジニアとなり出世する、というストーリーだ。

ナオミズム

意味 女が男を虐待するサディズム

一九二四（大正十三）年から発表された谷崎潤一郎の『痴人の愛』は、社会的なセンセーションを巻き起こした。主人公の河合譲治が、ナオミというサディスティックな美女に翻弄《ほんろう》され、最後には奴隷へと堕《お》ちていく物語だ。この小説から女が男を虐待するサディズムはナオミズムと呼ばれ、流行語となってしまった。ナオミにいたぶられたい男は、きっとたくさんいたのだろう。

写真花嫁 しゃしんはなよめ

意味 写真をたよりに結婚した花嫁

明治末期から昭和初期にかけて、写真花嫁なるものが存在した。写真だけをたよりに結婚した女性のことだ。

　まず、北米に移民した日本人の男が、妻を探すために、故郷に自分の写真を送る。故郷の者はその写真をたよりに、結婚相手の女を探し、その女の写真をまた移民の男に送る。これで両者が承諾すれば結婚し、女は北米に渡る――というものだった。

　ところが、写真と実物が全然違うということがしばしばあり、騒ぎも起こった。現代でもマッチングアプリなどでおなじみの悲劇である。写真結婚は、北米での排日運動の高まりもあり、消滅した。

モボ・モガ

意味　大正末期から昭和初期に現れた時代の最先端を行く若い男女

の略。モボはmodern boy、モガはmodern girl
　大正デモクラシーの潮流に乗って現れた、お洒落《しゃれ》で享楽的な若い男女である。
　モガは断髪で洋服を着、頬紅《ほおべに》にルージュ、ハイヒールを履いて街を闊歩《かっぽ》した。断髪といっても今のボブ程度だが、それでも当時としては短すぎ、衝撃的だったのだ。モボは山高帽にロイド眼鏡をつけ、ちょび髭《ひげ》、ラッパズボン、ステッキを手にしていた。今見るとコメディアンかと思うかもしれないが、流行とはえてしてそういうものだ。彼らは活動写真やダンス、スポーツなどに熱中した。

銀座通りを闊歩するモガ（1928年撮影）

言うまでもないことだが、モボやモガは薄っぺらでふしだらだということで、頭の固い大人たちから忌み嫌われていた。一九二七（昭和二）年四月の朝日新聞には「春のモボ、モガ退治　不良ダンスホール手入れ」などという記述が見られる。まるで虫扱いだ。

BG　びーじー

意味　会社のオフィスで働いている女性

OL（office lady）のことはかつてBG（business girl）といった。しかし、そのうちアメリカではBGはbar girl、つまり娼婦を意味することがばれてしまい、仕方ないので一九六四（昭和三十九）年の東京オリンピックの頃にOLという言葉が生まれたのだ。

もっとも、最近ではすでにOLという言葉も古くさく聞こえ、ビジネスパーソンなどと言い始めている。

用例　秘書課にいる谷口さんというB・Gが（石坂洋次郎『あいつと私』）

カミナリ族　かみなりぞく

意味　爆音を立てて猛スピードでオートバイを走らせる若者たちのこと

一九五九（昭和三十四）年ころに生まれた言葉。そのころ、オートバイのマフラーを外《はず》して爆音を鳴らし、猛スピードで走る若者たちがいた。彼らはカミナリ族、マッハ族と呼ばれた。爆音を雷に見立てたのだろう。マッハは超音速の単位だろうが、いくら何でも大げさすぎる。

カミナリ族はジグザグ走行をしたり、深夜の道路でスピードレースを開催したり、水平乗りや後ろ乗りなどの曲乗りをして楽しんだ。だが事故も頻発し、騒音が善良な市民たちを悩ませたので、社会問題となった。彼らは暴走族の先駆者でもある。

人生を駆け抜けるカミナリ族（1959年8月撮影）

ビル子　びるこ

意味　ビルディングの中で働く女性事務員

昭和初期の言葉。ビルとは東京の丸の内にある丸の内ビルディングのことで、そこに勤めている女性は時代の最先端を行くお洒落な人が多かった。

ビル子という語感はかわいらしい。もっとも、彼女たちが住む家は別にお洒落でも華やかでもなかったようだ。

高等　こうとう

意味　優れているが大したことないこと

高等という言葉は誰でも知っているが、これは大正時代の流行語である「高等」である。この時代には、何にでも高等とつけるのが流行《はや》った。高等貸家、高等旅館、高等理髪店、高等下宿などである。どれも「高等」というには大げさな気がするが……。

その言葉をつけるとなんとなく素晴らしく見えるという流行語はいろいろある。「電気」「ラジオ」「IT」「2・0」「AI」「プレミアム」などがそれだ。

用例　高等御下宿と書いてある看板が本郷あたりによくあったものだけれども、じっさい華族なんてものの大部分は、高等御乞食とでもいったようなものなんだ（太宰治『斜陽』）

三助　さんすけ

意味　銭湯で客の背中を流したり、湯を沸かしたりする男

三助の「三」はもとは「炊爨《すいさん》」の「爨」である。つまり、飯を炊いたりの雑用をする男のことを言った。そして、銭湯の三助は客の背中も流すのだ。

江戸時代初期の銭湯には、湯女《ゆな》という女がいた。彼女たちは男の客の体を洗う役目を担っていたのだが、いつの間にか体を売るようになり、娼婦《しょうふ》と変わらなくなった。業を煮やした幕府は、一六五七（明暦三）年に風呂屋に湯女を置くことを禁じ、湯女はすべて吉原送りとなってしまった。

その後に客の背中を流し始めたのが三助である。江戸時代の銭湯は男女混浴だったから、三助はもちろん男女区別なく背中を流していた。

現代日本では三助はほぼ絶滅しているが、二〇一〇年代までは東京の銭湯にわずかながら存在した。私もそこに行って背中を流してもらったことがある。流し代は銭湯の入浴料より少し安いくらいだった。

三助と店主の話を聞いてみると、その三助（その銭湯では「流し」と言った）は富山県の出身で、中学校卒業とともに東京の銭湯で住み込みで働き始めた。燃料を集めて来て、風呂を沸かし、清掃をするといった雑事を続けた後、三十歳で客の背中を流し始めた

という。客からチップももらえるので、家庭に風呂が普及する一九六〇年代までは、かなり儲《もう》けたという。

人車鉄道　じんしゃてつどう

意味　車両を人間が押していく鉄道

前に、新聞で一枚の色褪《いろあ》せた写真を見て驚いたことがある。それは、小さな客車を二人の人間が押していく光景だった。「人車鉄道」という、文字通り人間が車両を押す鉄道だと知った。鉄道にはリニアモーターカーから、電車、汽車、馬車といろいろあるが、人車鉄道ほど原始的な鉄道もないだろう。

人車鉄道は、明治末期からなんと一九五九（昭和三十四）年まで走っていた。その中でもよく知られているのが、小田原から熱海までを走っていた豆相《ずそう》人車鉄道だ。約二十五キロの道のりを四時間かけて走ったという。時速六キロほどだから、歩くよりは少し速いくらいか。一日六往復だった。当たり前なのかもしれないが、時刻表までちゃんとあった。作家の国木田独歩《くにきだどっぽ》が『湯ヶ原ゆき』という作品の中で豆相人車鉄道について描いている。

人車鉄道は、おおむねこんな感じだった。小さな車両を一台につき数人の車夫が押していく。一つの車両に客は六人ほど乗っている。原始的な鉄道といえども、しっかりと一等車・二等車・三等車の階級があり、一等には西陣織の豪華な壁飾りまでかけてあった。

客車を人間が押してゆく（1910年代撮影）

車夫は上り坂のときは後ろから車を押し、下り坂のときは車両に乗って車を走らせる。そのとき、ラッパを吹き鳴らすというのだから、のどかすぎる。

坂道を登るときは、客も降りて一緒に車を押すこともあったという。呑気《のんき》すぎる乗り物なのだが、そんなときも一等車の客は車から降りず、乗ったままだったようだ。

もっとも、乗り心地はあまり良くなく、危険な乗り物だった。貧弱な線路の上を進むので、下りではしばしば脱線してしまい、重傷者を出す大事故も起きている。

人車鉄道は速度が遅く、輸送量も小さかったので、やがて消滅してしまった。

第7章

見かけや意味が色っぽい言葉

破瓜　はか

意味　女性の十六歳／女性が初めて性交すること／男性の六十四歳

文字通りとると「瓜《うり》を破る」。意味不明である。

「瓜」の字を破って二つに分けると、「八」と「八」になる。八＋八で十六。このことから、女性の十六歳を指す。

面倒なのが、この語が「女性が初めて性交すること」も意味することだ。と言われると、瓜がなにやらエロチックなシンボルに見えてくる。さらにややこしいのが、八×八で六十四になることだ。この掛《か》け算の結果から、破瓜は「男性の六十四歳」も意味する。それにしても、「女性の十六歳」と「男性の六十四歳」……かなり入り乱れた意味を持つ熟語だ。

例文　女性は破瓜しておかないと結婚できないという文化圏もある。

勃起　ぼっき

意味　にわかに力強く起こり立つこと

けっしていかがわしい言葉ではない。日常生活で普通に使える言葉である。「勃《ぼつ》」とは「急に起こる」という意味である。「勃起」で「にわかに力強く起こり立つこと」を指すのだ。

たとえば明治時代の書物には「平民社会

が勃起した」といった表現がある。これは「平民が性的に興奮した」ということではなく、「平民社会がにわかに起こり立った」という真面目な意味である。変な誤解をしないように。

例文 女性たちがいっせいに勃起し、現代の男女平等な社会が築かれたわけだ。

童貞　どうてい

意味 （男女問わず）異性と性的関係を持ったことのないこと。またはその人／カトリックの尼僧

「童貞」と言えば、「性的関係を持ったことのない男」を指すと思われている。しかし、本来は男女関係なく使われる言葉だ。ジェンダーは平等である。カトリックの尼僧の意味もある。

たとえば、横浜にはかつて「仏語童貞学校」という学校があった。これは「女を知らない男に仏《フランス》語を教える学校」ではなく、カトリックの修道会が外国人子女にフランス語を教える学校だった。「童貞説」という聖母マリアにまつわる学説もある。これは、マリアが童貞（処女）のままキリストを産んだという説だ。

「処女作」「処女航海」という語も「童貞作」「童貞航海」といっても本来はかまわないのだ。

例文 私はおとなしめの女子校に通ってい

たから、まわりには童貞の女の子しかいなかったの。

金玉　きんぎょく

意味　金と玉。財宝

勘違いしてほしくないが、これは音読みで「きんぎょく」と読む。けっして訓読みしてはならない。

「金玉」とは「金《きん》」と「玉《ぎょく》」のこと。「玉」とは丸いもの、ボールのことではなく、「美しい石・宝石」という意味。「金玉」で「金と玉・財宝」という煌《きら》びやかな意味になる。「鈺《ぎょく》」という一つの漢字もあるが、これも「宝」という意味だ。

なお、「璣《まるくないたま》」という字もある。「丸くない玉などあるか！」と怒られるかもしれないが、これは「丸くない宝石」という意味である。

例文　今を時めく女優は全身を金玉で飾り立て、颯爽《さっそう》とレッドカーペットの上に降り立った。

珍宝　ちんぽう

意味　珍しい宝物

「珍宝」は響きが変かもしれないが、文字通り「珍しい宝物」という意味だ。いかがわしい意味はまったくない。ちなみに「ちんぼう」とも読む。

なお、珍宝島《ちんぽうとう》という島もある。これは中国とロシアの国境にあるウスリー江《こう》に浮かぶ島で、この島を巡って中国と旧ソ連は軍事衝突を起こしている。文字通り、珍宝を奪い合う戦いだったわけだ。

中国とロシアの国境を流れるウスリー江の珍宝島（ダマンスキー島）

高校の世界史の時間では、なぜか珍宝島ではなくロシア名の「ダマンスキー島」で覚えさせられたのを思い出す。「珍宝島」では何かまずいことでもあったのだろうか。

例文　女性社長はてのひらで珍宝を弄《もてあそ》びながら、ロマネ・コンティを口に含んだ。

鞘当　さやあて

意味　一人の女を巡り二人の男が争うこと

もとは、道端で武士がすれ違い際《ぎわ》に、刀の鞘を互いにぶつけることを言う。それがいつの間にか、一人の女を巡り二人の男が争うことを意味するようになった。なんとなくエロチックだ。竹内まりやの「けんかをやめて」の世界か。

満腔 まんこう

意味 体全体

注意していただきたいが、「まんくう」というのは誤読である。紳士淑女なら必ず「まんこう」と読んでいただきたい。

「腔《こう》」とは体のことだから、「満腔」で「体全体」を意味する。「腔」という字は「膣」というよくわからない漢字に似ているが、まったくの別字だから書き間違えないように。

昔の本を読むとしばしば出てくる熟語だ。「満腔の思い」「満腔の怒り」「満腔の同情」「満腔他意《たい》なし」などというふうに用いる。

例文 満腔の愛で愛してあげたい。

蛾眉 がび

意味 美人

文字通り解すると「蛾《が》の眉《まゆ》」。蛾に眉はたぶんないと思うが、これは美人の形容だ。中国では、昔から蛾の触角のように眉が細く弧を描いた女性が美人だとされてきたのだ。もっとも、眉を剃《そ》ったうえに、黛《まゆずみ》で眉を描いていたのだから、どうとでもなりそうだが……。

美人の条件は時代と国により変わる。日

楊貴妃は蛾眉の代表例（上村松園筆）

本のバブル時代には眉を太く描くのがお洒《しゃ》落《れ》だったと聞いたら、いにしえの中国の美女はきっと蛾眉をひそめただろう。

傾国／傾城

けいこく／けいせい

意味　絶世の美女／遊女

紀元前二世紀に、前漢《ぜんかん》の武帝《ぶてい》の前で一人の歌手がこんな歌を歌った。

《北に美人がいる／絶世の美貌でこの世に一人しかいない／この美女に一度見つめられると、男は城を傾ける／二度見つめられると、国を傾ける／わかってる、城を傾け国を傾けることの愚かさは／しかしこんな美人はほかにいない》

「傾国の美女」の由来となった李夫人（『百美新詠図伝』）

絶世の美女を意味する「傾国」「傾城」という言葉が生まれた瞬間だ。君主が心を奪われてしまい、国を破滅に陥《おとしい》れるほどの美女という意味だ。「ファムファタル」(femme fatale、↓28ページ)も似た概念だろう。

傾国の美女として名高いのが、楊貴妃である。絶世の美人だった楊貴妃は唐の玄宗《げんそう》の妃《きさき》になったのだが、玄宗は楊貴妃の妖美《ようび》なる魅力に取りつかれ、国政を顧《かえり》みなくなった。国内では反乱が起こり、玄宗は首都の長安《ちょうあん》を捨てて楊貴妃とともに逃亡した。しかし、楊貴妃は途中で兵士に捕えられ、虐殺されてしまう。これ以降、唐は衰滅《すいめつ》へと向かうのだから、楊貴妃は真に傾国の美女だったのかもしれない。

悋気 りんき

意味 恋の嫉妬《しっと》

「悋《りん》」は「吝嗇《りんしょく》」(ケチの意)の吝《りん》と同じで、もとは妬《ねた》むということ。悋気で「恋の嫉妬」である。

「悋気の火の玉」という落語がある。嫉妬深い妻が亡くなり、火の玉となって夫のもとにやって来た。夫はちょうど煙草《たばこ》が吸いたかったので、火の玉で火をつけようとする。すると、妻の火の玉はすねてこういった。「どうせあたしの火じゃ美味《おい》しくないでしょ!」

後朝　きぬぎぬ

意味 男女の別れ

「衣衣」とも書く。男と女が一夜を明かす。朝の光が身をよじりながら入り込んでくるころ、二人は名残《なごり》を惜しみながら、昨夜重ね置いた二人の着物の袖《そで》に手を通すのだ。つまり、重ねておいた男女の衣が「別れ」を暗示しているのだ。

例文 後朝は辛いが、出会うこともまた辛いのだ。

閨房　けいぼう

意味 夫婦のまじわり

「閨《けい》」とは女性または夫婦の部屋のこと。閨房で夫婦の寝室、ひいては夫婦の交わりを表す。「閨」は女性一般も意味し、「閨《けい》秀《しゅう》作家」（すぐれた女性作家）などというように使われる。

ろりろり

意味 恐怖のあまりうろたえ歩くさま

カタカナで「ロリロリ」と書くとすごく危険な言葉のように見えるが、実はこれは、戦国時代の『日葡《にっぽ》辞書』という日本語をポルトガル語で解説した本に出てくる言葉で、「恐怖のあまりうろたえ歩くさま」を意味する。字面と意味が違いすぎて恐怖だ。

ろりめく

意味 心配なあまり落ち着かず興奮する

「ロリっぽくなる」という意味ではない。「ろりろり」から派生した言葉で、「心配なあまり落ち着かず興奮する」ということだから、心配しないでいただきたい。やはり『日葡辞書《にっぽじしょ》』に出てくる。

握り金玉 にぎりぎんたま

意味 なにもしないこと

「金や財宝を手に入れる」という壮麗《そうれい》な意味あいではなく、「手を懐《ふところ》に入れて睾丸《こうがん》を握るだけでなにもしない」という、ストレートかつどうしようもない意味である。同義語に「握《にぎ》りまら」があるのも救いようがない。とにかく救いようがない。

ちんちんかもかも

意味 男女の仲がとても良いこと。性行為をすること

いかがわしくもかわいらしい語感。江戸時代の書物にも出てくる言葉で、男女の仲がとてもいいことを指す。「ちんちん」「ちんかも」「ちんちんかもの足」ともいうので、そのときの気分によって使い分けよう。

ちんちんごころ

意味　嫉妬《しっと》

「ちんちん」は俗悪ながらも奥深い日本語で、「嫉妬」という意味あいがある。「ちんちんごころ」もやはり嫉妬を意味する。

用例　後家寺参りに来れば女房頗《すこぶ》る嫉妬《ちんちん》を起《おこ》して（『抱腹奇談』晴亭柳窓）

新鉢　あらばち

意味　処女

「新しい鉢《はち》」という意味。まだ使ったことがないすり鉢のことで、これは処女の暗喩《あんゆ》である。

十八世紀フランスの画家ジャン＝バティスト・グルーズに『壊れた甕《かめ》』という有名な絵がある。これは、割れた甕を腕に掛《か》けた少女が、乳房をのぞかせながら茫然《ぼうぜん》と佇《たたず》んでいる光景を描いている。この甕は処女性の象徴とされている。発想としては新鉢と同じだ。

『壊れた甕』は何を訴えかけるのか

たちんぼう

意味　坂道の下に立って車の後ろを押して金をもらう者

「歌舞伎町にたちんぼうが群れをなして……」などというように、現代ではこの言葉は「道端で客を引く娼婦《しょうふ》」を意味することがある。

しかし、本来は明治・大正時代に、坂の下などに立って車が来るのを待ち、その後ろを押してお金をもらう者を指した。また、寄せ場に立って職を求める日雇い労働者を指すこともあった。理屈を言えば、立っていれば何でもたちんぼうだと言えるかもしれない。

女酒　おんなざけ

意味　滑《なめ》らかで甘い酒

「女の肌のように舌触りが滑らかで甘い酒」を女酒というのだから、妖艶《ようえん》な言葉もあったものだ。軟水を使い、じっくりと発酵させた京の伏見《ふしみ》の酒がその代表。辛口で豪快な味わいの「男酒」という言葉もあり、これは神戸の灘《なだ》のものが有名だ。

花電車　はなでんしゃ

意味　芸者やストリッパーが女性器でする芸

もとは「花電車」とは、祝賀のために花

や電球などで全身を飾って走る電車のこと。外から見せるだけで客を乗せることはなかった。

ここから転じて、芸者やストリッパーが、女性器を使っていろいろな芸を見せることも花電車というようになった。「客を乗せない＝体は売らずに芸だけ見せる」というシャレである。女性器で煙草を吸ったり、バナナを切ったり、ラッパを吹いたりといった繊細な職人芸が見られた。

耽美　たんび

意味　美を最高の価値として、その中にふけり陶酔すること

どういうわけか、BL（ボーイズラブ＝男性同士の恋愛を描いた創作物）と同じ意味で使われることが多い「耽美」だが、本来はちがう。

「耽美」とは文字通り読むと「美に耽《ふけ》る」で、美を最高の価値としてその中に没入し陶酔することである。「唯美《ゆいび》」ともいう。耽美主義の潮流は十九世紀のフランスやイギリスなどで起こった。シャルル・ボードレール、オスカー・ワイルド、日本では谷崎潤一郎などがその代表だ。

例文　耽美主義とは、醜い現実世界に対する一種のプロテストなのだ。

窈窕　ようちょう

意味 おくゆかしくあでやかなさま

「窈《よう》」も「窕《ちょう》」も「奥ゆかしい・あでやか」という意味。「窈窕」はまるで虫が蠢《うごめ》いているような字面だが、意味はそれとはほど遠い。

用例 そこには一種のなんとなく窈窕たる雰囲気があった（寺田寅彦『自由画稿』）

淫雨　いんう

意味 長雨

「淫」とは、なかなか奥深い字だ。おなじみの「みだら」という意味だけではなく、「あふれる」「ひたす」「みだす」「わがまま」「おおきい」「おぼれる」といった多彩な意味がある。

「淫雨」という言葉にはいかにも淫靡で濡れそぼった風情が漂うが、これは「長く降り続ける雨」という意味。もっとも、これだけで官能的という感じがしなくもない。

夜這い　よばい

意味 夜に異性の家に忍び込むこと

「よばい」というといかにもいかがわしく聞こえる。しかし、本来は「呼び続ける」という意味だ。つまり、相手の名前を呼んで求愛するのが本来の意味である。「夜這い」という表記は、ただの当て字にすぎない。

私は、最近まで夜這いが行われていたという四国の山の奥まで夜這いを経験した老人の話を聞いたことがある。彼によると、こうだ。夜中に目当ての女の家まで行き、そっと戸を開ける。鍵などかかってはいない。暗闇の中を這《は》って行き、寝ている者の頭に手を置く。もし髷《まげ》を結《ゆ》っていたら、娘だというわけだ。

夜這いは別にレイプでも何でもない。決定権は女にある。男がいくら忍んで行っても、女に拒否されてしまえば、大人しく帰らねばならない。

夜這いは村公認の制度なので、娘に誰も夜這いに来ないと親も心配して、若い男たちに「たまにはうちにも夜這いに来てくれや」と懇願《こんがん》したという。そうしないと結婚相手も見つからないからだ。

また、「半田《はんだ》・亀崎《かめざき》女のよばい」などという言葉が残っているように、女がしかける夜這いも当然にあった。『竹取物語』や『源氏物語』にも夜這いの記述がある。夜這いは地域によっては一九七〇（昭和四十五）年ころまで残ったと言われている。

男女七歳にして席を同じゅうせず

だんじょななさいにしてせきをおなじゅうせず

意味　男女は七歳になったら同じ布団で寝てはならない

「男女七歳にして席を同じゅうせず」という言葉は本当に鬱陶《うっとう》しい。「男女は七歳になったら同席してはならない」、つまり七歳になったら男女は同じ場にいてはならないし、交際してもいけないというふうに解釈されてきた（もとは儒教の経典である『礼記《らいき》』にあるフレーズである）。

しかし、漢字学者の阿辻哲次《あつじてつじ》氏によると、これは間違った解釈だ。「席」とは、本来は「敷物・ゴザ・敷布団」という意味であり、「男女七歳にして席を同じゅうせず」とは「男の子と女の子は七歳になったら同じ布団で寝かせてはいけません」という意味なのだ（『漢字の字源』より）。

だとしたら、昔はこの言葉を誤解して、若い男女の交際を厳しく制限したのは何だったのだろうか。誤訳や誤解が、一人の人間の人生を大きく変えてしまうこともある。

淫淫　いんいん

意味　流れるさま

字面がすばらしいが、意味は「流れるさま」。淫には「あふれる」という意味がある。

淫涙　いんるい

意味　とめどもなく流れる涙

意味深に見える言葉だが、意味は「とめ

どもなく流れる涙」。淫は「あふれる」という意味で、「みだら」ということではない。淫涙は「涙《なだ》そうそう」と意味が似ている。

小股の切れ上がった

こまたのきれあがった

意味 女性の足が長く粋《いき》なさま

こんな話がある。ある男が、夜中に突然「『小股の切れ上がったいい女』の小股ってどういう意味なんだろう?」という疑問に襲われた。いくら考えてもわからず、眠れなくなったので、友人の男に電話して聞いてみた。「あのな、『小股の切れ上がったいい女』の小股ってどういう意味なんだろう?」

すると、友人の男は、電話口の向こうから声を震わせて叫んだ――「お、おまえ、俺にそんないやらしいこと言わせるつもりか?」

おまえは何を想像しているんだという話だが、事態はまったく改善されていない。「小股が切れ上がった」という言葉は「女性の足が長く粋《いき》なさま」を意味するのだが、肝心の「小股」が何を意味するのか、実はよくわかっていないからだ。着物からかすかにのぞく部分、膝《ひざ》の上、鼠径《そけいぶ》部の上など、いろいろな解釈がある。

用例 年ごろは二十五、六、小股の切れあがった、野暮でねえ女だが……。ここらの人間じゃあありませんね（岡本綺堂『半七捕物帳』）

蓮歩　れんぽ

意味　美人の麗《うるわ》しい歩み

五世紀ごろ、中国の南朝の斉《せい》の皇帝である蕭宝巻《しょうほうかん》に潘妃《はんひ》という側室がいた。潘妃は美女として誉《ほま》れが高く、皇帝は金でつくった蓮《はす》の上を潘妃に歩かせたという。この故事から、美女の麗《うるわ》しい歩き方を「蓮歩」というのである。古代中国には優雅な遊びがあったものである。

金の蓮の上を歩いた潘妃
（『百美新詠図伝』）

用例　柳腰たよたよとして、蓮歩かろくはこび（『読本・忠臣水滸伝』）

じゃらくら

意味　男女が戯《たわむ》れあうさま

鎖と鎖が絡《から》みあっているような語感なのだが、「男女が戯れあうさま」を表している。確かに何かがもつれあい、絡みあっているような感じだ。「でれでれ」「じゃらじゃら」

ともいう。

用例　白粉《おしろい》を塗ってじゃらくらされては虫《むし》唾《ず》が走る（内田魯庵『社会百面相』）

暗事　くらごと

意味　秘密の色恋《いろこい》沙汰《ざた》、密会

官能的な言葉。昔の夜は今よりはるかに濃密だった。照明設備などろくになかったからだ。だから、男女の密会や秘め事も暗がりの中で秘《ひそ》かに行った。だが、闇の中でこそわかる男女の真実もあるだろう。

用例　惣《そう》じてかようの暗事、かれこれ四十八ありける（井原西鶴『好色一代男』）

利男　ききおとこ

意味　遊郭で粋《いき》を極めた男

単に利男だけなら「気のきいた男」という意味だが、ここでは江戸時代の遊郭で粋に遊ぶ男を言う。色の道を極めた者でもある。

用例　五人ながら今の世のきき男、手くだの勘定、懐にありし文をみるにひとつも返事はなし（井原西鶴『好色一代男』）

解語の花　かいごのはな

意味　美女

絶世の美女と言われる楊貴妃を指して

言った言葉。唐の玄宗《げんそう》皇帝は、宮中の池に咲きほこる蓮《はす》の白い花々を見て、こう言った。「この白蓮《びゃくれん》の花々も、私の解語の花にはかなうまい」

解語の花とは、文字通り「言葉を理解する花」ということ。楊貴妃の美しさは、もはや人間を超えた花のようだったのだろう。

蜾蠃少女

すがるおとめ

意味　腰が細く美しい少女

怪しすぎる字面だ。中国産のホラー映画か何かのタイトルに見えてしまうのだが、これは日本の言葉なのである。

蜾蠃という複雑な熟語は「ジガバチ」のこと。蜾蠃少女とは、ジガバチのように腰が細い美少女という意味だ。「すがる」とはジガバチの古名である。

『万葉集』の生々しく艶《あで》やかな歌に出てくる言葉である。「珠名《たまな》という名の少女は豊かな胸とジガバチのように細い腰をしている。その美しい顔で花のように微笑《ほほえ》んで立っていると、道行く人は呼ばれなくても少女の家の門まで来てしまう。隣の家の主人は、妻と別れ、少女が頼みもしないのに鍵さえ渡してしまう。男はみな少女に心を奪われてしまい、少女は美貌《びぼう》をふりまきながら淫《みだ》らさに耽《ふけ》っていた――」

思惑女　おもわくおんな

意味　好きな女

「思惑女」というと、何か思いに耽《ふけ》った影のある女のように聞こえる。しかし、本当はそんなに意味深ではなく、「思惑」とは思いをかけるということで、思惑女は「好きな女」という意味である。

用例　新しき下帯《したおび》を見せかけ、預ゆかたを拵《こしら》えおもわく女銘々《めいめい》に出し入をするも（井原西鶴『好色一代女』）

好文字　すいもじ

意味　好きなお方

いわゆる文字言葉で女性の使う言葉。「好いた」とストレートに言うのははしたなく恥ずかしいので、「好いた」の「すい」に「文字」をつけて、謎めかせて言っているのである。もっとも「すい」は「吸い」とも聞こえるので、かえって艶《なま》めかしく聞こえる。

第8章

日常の景色が雅びになる言葉

和子　わこ

意味　身分の高い人の男の子

「かずこ」ではなく「わこ」である。意味は、身分の高い人の男の子のこと。古代日本語では幼い子のことを「若子《わくご》」といったから、ここから来たのだろう。

黒甜郷　こくてんきょう

意味　ひるねの世界

「ひるね」というと俗悪な感じがするが、「黒甜《こくてん》」というと詩的で優美に聞こえるだろう。黒甜とは「黒くて甘い」ということで、かつての中国の浙江省《せっこうしょう》あたりの方言では「ひるね」を意味したという。

用例　叉《また》の上に陣取って第二の機会を待ち合せていたら、いつの間《ま》にか眠くなって、つい黒甜郷裡《こくてんきょうり》に遊んだ（夏目漱石『吾輩は猫である』）

総領　そうりょう

意味　長男または長女

「総領」というとどこかの山賊の頭《かしら》みたいで格好いいが、単に「長男または長女」を指す場合もある。「私は長男です」などというより「私は一家の総領です」といったほうが、物々しく聞こえて尊敬されるだろう。

知音　ちいん

意味　互いによく理解しあう友

中国の春秋時代《しゅんじゅう》、伯牙《はくが》という琴の名手がいて、その友人である鍾子期《しょうしき》はよき理解者だった。伯牙が山を思い浮かべて琴を弾くと、鍾子期は「そびえたつ山のようだ」と言い、川を想像しながら弾くと「広々と流れる水のようだ」と感嘆した。

伯牙は鍾子期が亡くなったとき、琴の弦を断ち切り、二度と演奏をしなくなったという。もはや自分の音楽を本当に理解してくれる者は現れないと思ったのだろう。この話から、互いに理解しあう友だちのことを知音《ちいん》という。

天の美禄　てんのびろく

意味　酒のこと

「天の美禄」とは「天からのすばらしい授かり物」という意味で、酒のことを大げさに言ったものである。

酒の異称はいろいろあり、狂薬だとか、迷魂湯《めいこんとう》、腐腸《ふちょう》の賊《ぞく》など無茶な言い方もある。よほど酒は憎まれていたのだろうか。

東雲　しののめ

意味　明け方

東京のりんかい線に「東雲」という駅があり、難読の駅名としてそこそこ有名である。「しののめ」と読み、東の空がわずかに明らむころ、つまり明け方を指す。

一説にはしののめの語源は「篠《しの》の目《め》」で、古代には篠（竹の一種）で編んだすのこを明り取りとして窓に付けていて、その明り取りの隙間《すきま》から朝の光が漏《も》れ入る様子を「しののめ」といったという。

木下闇　このしたやみ

意味　木が生い茂り木陰が暗いこと

「この下、闇」と書かれると、まるで何かを警告する看板のようだが、そんな無風流なものではなく、木の下にできた闇、つまり木が生い茂って木陰が暗いことを意味する。その闇が異世界へとつながっているような、不気味な予感がする。

潦　にわたずみ

意味　水たまり

「潦」一字で「にわたずみ」と読む。水たまりのことだ。単に「水たまり」と言うと俗悪すぎるが、「おや、あんなところに『にわたずみ』が……」などと呟《つぶや》けば、たちまち風流な人との評判を勝ちえるだろう。今から雨の日が楽しみだ。

真澄鏡　まそかがみ

意味 立派で澄みきった鏡

「真澄《ますみ》の鏡」ともいう。ますみという名の人が持っている鏡という意味ではなく、「とてもよく澄み渡った鏡」ということだ。古代の日本では鏡は貴重かつ神聖なものとして崇《あが》められていたから、このように鏡を称賛する言葉も生まれたのだろう。

人間が鏡を普通に眺められるようになったのは、つい最近のことだという。動物の多くは、鏡で自分の姿を見ても、それが自分だとはわからない。鏡を覗《のぞ》き込んで自分の姿を見つめるということは、実はとても不自然かつ神秘的なことなのだ。

用例 白洲の中央では、王妃のかけた真澄鏡が、石の男根に吊《つ》り下《さ》がった幣《ぬさ》の下で、松明《たいまつ》の焔《ほのお》を映して朱の満月のように輝いた

（横光利一『日輪』）

破鏡　はきょう

意味 離婚／欠けた月

文字通りに解すると「割れた鏡」ということだ。

こんな話が中国にある。ある夫婦が、離れて暮らさなければならなくなった。二人は一枚の鏡を二つに割り、それぞれ片方ずつ持って愛を誓い合った。

ところが、女のほうはほかの男と関係を持ってしまった。すると、女の持っていた鏡のかけらはカササギとなって夫のもとへ

と飛んで行った。これにより男は女の不義を知り、離縁したという。

ただの「離婚」だと法律的・散文的だが、「破鏡《はきょう》」というと詩的で抗《あらが》いがたい美しいドラマのように見え、やってみたくなるだろう。また、破鏡は「欠けた月」をも意味する。

白波　しらなみ

意味　泥棒

「泥棒」を指す隠語はとても多い。「梁上《りょうじょう》の君子《くんし》」「緑林《りょくりん》」「邯鄲師《かんたんし》」など、字面だけ見ると風流すぎるものもある。人間には、どこか泥棒に共感し美化する心情があるのだろうか？　そういえば、アルセーヌ・ルパンとか鼠小僧《ねずみこぞう》など、民衆に愛された英雄的な泥棒も多い。

「白波」も詩的な言葉だが、泥棒の異名である。中国の後漢《ごかん》末期（二世紀）に、黄巾《こうきん》の乱という農民反乱が起こった。張角《ちょうかく》という男が太平道《たいへいどう》という宗教を興《おこ》し、その信者たちとともに蜂起《ほうき》したのだ。彼らは白波《はくは》という地を拠点として略奪を働いたので、泥棒のことを「白波」と呼ぶようになった。

鯨波　げいは

意味　多くの人がいっせいにあげる声。鬨《とき》の声鬨の声（多くの人がいっせいにあげる声）のことを「鯨波」という。大海原を行く鯨《くじら》が尾びれを一打ちし、波が雄々《おお》しく立ち上がる情景が目に浮かぶ。

辞書を読むと、戦場での鬨の声は「えいえい、おー」だと書いてある。まるで運動会の応援のようで気が抜けるが、これが戦争のかけ声だったとは――！

海嘯　かいしょう

意味　満潮のときに海水が壁になって押し寄せ、川を逆流する現象

文字通り読むと「海が嘯《うそぶ》く（吠える）」だ。満潮のとき、海水が轟音《ごうおん》を立てながら壁になって押し寄せ、川を逆流してくる恐ろしい現象。アマゾン川、中国の銭塘江《せんとうこう》、フランスのセーヌ川などのものが有名だ。アマゾン川の海嘯はポロロッカと呼ばれ、八百キロメートルも内陸に海水が逆流するのはスケールがやはりアマゾンだ。もっとも、ポロロッカに乗ってサーフィンをする能天気な大会も開催されているが……。

乱波　らっぱ

意味　スパイ

「乱波」というと何か自然現象のように思えるが、実は忍者やスパイの別名である。素波《すっぱ》ともいう。甲州（現・山梨県）より西で

は素波、関東では乱波と呼んだという。それにしても、乱波、素波、スパイ、どれも響きが抒情《じょじょう》的で格好いい。

「すっぱ抜く」といういささか下品な言い回しは、「素波が思わぬところから入ってくる」ことから来たという。

蠱惑　こわく

意味　まどわし、たぶらかすこと

意味は「魅惑」とよく似ているが、こちらのほうがいかにも神秘的で謎めいた雰囲気があるので、おすすめである。画数も多いので、使っているだけで頭がよさそうに見えるだろう。「こわく」という音も「琥《こ》珀《はく》」に似ていて、絢爛《けんらん》として煌《きら》びやかな響きがある。

用例　地上の生ある物皆は、人も獣も草も木も、そういう深みの底に沈み溺れて、蠱惑的な窒息に眠り入る（豊島与志雄『真夜中から黎明まで』）

闃　げき

意味　ひっそりと静やかなさま

読めそうもない漢字だ。「げき」と読み、静かなさまを表す。

それにしても「げき」というのは何か硬いものが衝突した音のようで、あまり静かには聞こえないが……。「あたりは闃として物音絶えたり」と森鷗外も『即興詩人』の中で使っているので、うるさそうだがきっと静かなのだろう。

惴惴　ずいずい

意味　恐れるさま

「ずいずいずっころばし」というわらべ歌に響きが似ているが、もちろん何の関係もない。「惴惴」は「恐れるさま」である。語感は病的な感じはするものの、あまり怖くは聞こえない。

なお、似た意味の語に「惴慄《ずいりつ》」というものもあるが、やはり日本語として不自然な音である。

例文　君が優しすぎて、惴惴なんだよ。

皚皚　がいがい

意味　雪や霜が一面に白いさま

「がいがい」という響きはまったく風雅ではないが、意味は「雪や霜が一面に白いさま」。「皚《がい》」は「白い」という意味だ。

皛皛　きょうきょう

意味　白いさま

「白」を六つも重ねたふざけた熟語だが、意味も「白いさま」だから、わかりやすすぎる。覚えやすくて典雅《てんが》な言葉だから、便利である。

例文 君の皛皛たるTシャツ、かわいいね。

妲己 だっき

意味 悪女

妲己は中国の殷《いん》(前十一世紀)の最後の王だった紂《ちゅう》の妻で、悪女として名高い。

そもそも紂自身が暴君として有名である。紂は妲己の美しさに溺《おぼ》れ、彼女の言いなりになってしまった。紂は人民から重税を搾《しぼ》り取り、豪華な宮殿をつくらせた。そこで淫乱《いんらん》な音楽を奏でさせ、酒池肉林(↓100ページ)の宴《うたげ》に耽《ふけ》った。これに逆らう者は、生きたまま胸を切り裂くなどの残酷な刑罰で殺した。最後には殷は諸侯から攻め込まれ、紂は妲己とともに殺されたという。妲己は傾城《けいせい》(↓185ページ)の美女の一人だと言われている。

鰥寡 かんか

意味 妻を失った男と夫を失った女

ややこしい字だ。「鰥《かん》」は妻を失った男、「寡《か》」は夫を失った女である。

「鰥」が魚偏なのは変だが、これはもともと大きな魚の名前である。魚はいつも目を開けて閉じることがない。妻を失った男も、眼が冴《さ》えて眠れないからこの漢字を当てるという。むちゃくちゃな理屈と字である。

秘鑰　ひやく

意味　秘密の鍵

「鑰《やく》」は複雑な字だが、鍵ということ。そういわれると、字の中の「口口口」がなんだか鍵穴にも見えてくる。

用例　宇宙を説明する秘鑰はこの自己にあるのである（西田幾多郎『善の研究』）

あえか

意味　か弱く美しいさま

「あえか」は「か弱く危なげなさま」という意味で、女性や自然がはかなげで美しいさまを表現している。風流な言葉には、「ガイガイ」だの「ズイズイ」だのと響きがあまり美しくないものも多いが、「あえか」は響きもはかなく麗《うるわ》しげに聞こえる。

鬻ぐ　ひさぐ

意味　売る

「春を鬻ぐ」（体を売るの意）という言い回し以外で聞くことはあまりないが、「鬻ぐ」は「売る」ということ。「鬻」はまたややこしい漢字だが、これは「粥《かゆ》」の本字である。

片恋つま　かたこいつま

意味　片思いをしている者／亡くなった配

偶者を恋い慕《した》う者

日本の古語では「つま」とは、男女問わず配偶者や恋人を指す。結婚していなくてもかまわない。だから、「片恋つま」は、恋人なら片思いの相手、結婚しているのなら、すでに亡くなった配偶者に恋焦《こ》がれている者を指す。その相手は二度と戻っては来ないのだから。

諸恋　もろごい

意味　両想い

「両想い」という表現があるが、これを古風に言うと「諸恋」となる。――しかし「モロ」とつくと、どことなく淫猥《いんわい》な響きになる。「もろ肌」という表現があるからだろう。

「もろ」とは「すべてのもの・多くのもの」という意味で、この言葉を使った表現にはほかにも「もろ寝《ね》」「もろ心」「もろ待ち」などがある。どれもなんとなく淫靡《いんび》な語感があるのはなぜか。「もろ寝」とは「一つの寝床で一緒に寝ること」という意味だ。

したもい

意味　心に秘めた思い。秘めた恋心

「したもい」は「下思い」の転訛《てんか》したもので、心に秘めた思いや秘めた恋心を指す。「下思い」というと「下心」を想起していかがわしく感じるが、「下」とは心という意味だ。

関係ないが「忑」という漢字もある。音読みで「トウ・トク」。「下心」にしか見えない字なのだが、意味はまったく下心とは関係なく「心がむなしい」だ。

舫う　もやう

意味 船をつなぎとめる

「もやう」とは響きがいかにも幽玄《ゆうげん》だ。船を杭《くい》などにつなぎとめることをいう。水面《みなも》に舟がゆったりたゆたっている情景が目に浮かぶようだ。

秋の扇　あきのおうぎ

意味 男に捨てられた女

班婕妤《はんしょうよ》は前漢の女官で、成帝《せいてい》の深い寵《ちょう》愛《あい》を受けていた。だが、後にその愛を失い成帝のもとを去った。班婕妤のものとされるこんな詩が残されている。

「夏にはあなたはいつも団扇《うちわ》を懐《ふところ》に入れて持ち歩いていましたが、夏が終わるとあなたは団扇のことを忘れて箪笥《たんす》に置き去りに

班婕妤

しないでしょうか」捨てられる団扇を自分の身にたとえているのだ。

口さがない

くちさがない

意味 他人の悪口を言ったりしてうるさく品がない

「さが」とは「性」で、「さがない」で「性格や意地が悪い」ということ。「口さがない」は「他人の悪口を言って品性がない」という意味である。

労しい

いたわしい

意味 気の毒なさま。不憫《ふびん》なさま

「労《いた》わる」を形容詞にしたもの。労わってあげたくなるほど気の毒で不憫だ、という意味だ。「かわいそー！」などと何も考えずに言うより、「おお、お労《いたわ》しや……」と泣いてすがったほうが、あなたの評判も上がるに違いない。

口幅ったい

くちはばったい

意味 言うことが生意気で身の程知らずである

「口幅ひろし」という表現から来た言い回し。「口幅ひろし」は人名ではなく、「遠慮なくずけずけ言うさま」である。大きなことを言う人は、口の幅も大きくよく動くように見えたのだろう。

橋涼み　はしすずみ

意味　橋の上で涼むこと

夏の季語。橋の周囲には建物が少ないため、風の通りがよく、涼むには最適だ。もっとも、大阪のひっかけ橋（戎橋《えびすばし》）のように、ナンパの名所になるほど人が詰めかければ、涼めるかどうかは知らない。

日本の夏は暑く、昔はエアコンなどもなかったので、人々は涼むことに命をかけていたのだろう。木々の下で涼むことは「下涼み」という。

かわひらこ

意味　蝶《ちょう》

「かわひらこ」は蝶の古語である。「川の上をひらひら飛ぶもの」という意味で、このような美しい言葉が存在したとは、今では信じられない。

なお、昔は蝶々のことを「てふてふ」といったと言われることがあるが、話はそんなに単純ではない。もとは「かわひらこ」と呼ばれていた生物が、古代中国語から来たtiepに入れ替わったのだ。つまり、昔は「てぃえっぷてぃえっぷ」というふうに発音していたわけだ。本当に「ちょうちょう」と呼ばれる生物と同じものを指していたのか、疑問に思うほど語感がちがいすぎる。

毳　にこげ

意味 柔らかい毛

「毳」という妖《あや》しい漢字は「にこげ」と読む。柔らかい毛という意味で、「和毛」とも書く。犬や猫のもふもふした毛を思い浮かべてほしい。「にこ」は「にこにこ」「にこやか」の「にこ」である。いかにも柔らかで和やかな語感だ。

余談だが「毳毛」という熟語もある。読み方は「ケケケケ」ではなく「ゼイモウ」で、「細かく柔らかい毛」という意味。

雲路　くもじ

意味 鳥や月などが通るとされる雲の中の道

古語。ロマンチックな言葉だ。雲の中に鳥たちの飛び行く路《みち》があるというのだから。だが、さすがに雲の中に月が通る路はないだろう。いにしえは月がそんな低いところを旋回していると思われていたのか。

水無し川　みなしがわ

意味 天の川

「水無し川」は文字通り水の流れていない川のことだが、天の川の異名でもある。さすがに古代の人も天の川に水が流れていないことを知っていたのか。

富士山にかかる「水無し川」

碧落　へきらく

意味　青空

「碧《へき》」は「あお・みどり」という意味だ。「碧落」で青空を意味する雅語《がご》となる。また、宝石のジャスパーのことを碧玉《へきぎょく》ともいう。

用例　近い岸より、遠い山脈が襞目《ひだめ》を碧落にくっきり刻み出していた（岡本かの子『川』）

いしいし

意味　団子

「公家《くげ》言葉」というものがある。これは、おもに明治維新まで京都の朝廷で使われていた言葉だ。いわば、日本においては雅《みや》びの中の雅びである言葉のはずだ。

その一つに「いしいし」がある。団子のことである。「いし」とは「おいしい」という意味で、「おいしい」を二回重ねた言葉だ。よほど団子がおいしいと思ったのだろう（石に似ているからという説もある）。

どうも公家言葉には、同じ言葉を二回重ねたものが多いのだ。たとえば、やわやわ（おはぎ）、いりいり（おかき）、うきうき（白玉）、こぼこぼ（木ぐつ）、およしよし（病気が治る）、おするする（無事に）——などだ。

見方を考えると、子どもっぽい言葉である。そういえば、「うまうま」という赤ちゃん言葉があり、これは「うま（い）」を二回重ねた言葉で、食べ物や母乳を意味する。

構造は、「いしいし」とまったく同じだ。

なぜ公家言葉と赤ちゃん言葉には似たところがあるのか。その謎はあまりにも深遠すぎるが、公家言葉は宮中《きゅうちゅう》に仕える女官（女房）たちが使っていた言葉から生まれた、という事情と関係があるのだろう。

御目文字　おめもじ

意味　お目にかかる

公家言葉には「○○もじ」という言葉がとても多い。たとえば、すもじ（すし）、いもじ（イカ）、たもじ（タコ）……などだ。これらを眺め見て、その規則性がわかるだろうか。公家のしかけた暗号を解読できるだろうか。

そう、「すもじ」は「すし」の「す」に「もじ」をつけ、「いもじ」は「いか」の「い」に「もじ」をつけただけなのだ。

こうやって、一般の言葉の初めの字に「もじ」（文字）をつけたものを「文字言葉」という。これは、雅《みや》びな方々がいきなりイカだのタコだのと口走るのは下品すぎるので、「いの文字のつく物ですよ」と遠回しに言っているわけだ。古語では、食べるや飲むや生まれるだのをそのまま言うのは下劣なので「ものす」と曖昧《あいまい》に言ってごまかしていたが、それと同じ発想なのだろう。

「御目文字」も「お目にかかる」とストレートに言うのははしたないので「おめもじ」と婉曲的《えんきょくてき》に言ったわけだ。

公家言葉は必ずしも宮中《きゅうちゅう》だけで使われたのではなく、外界に流れ出て、一般階級の人々にも使われ、今もなお用いられている。「杓子《しゃくし》」からきた「しゃもじ」、「ひだるし」から来た「ひもじい」などがそれだ。

おおもやもやもや

意味　あまりにも忙しすぎる

公家言葉で忙しいことを「おもやもや」という。なんとなくわかるような語感だ。とても忙しいことを「おおおもやもや」という。「おお」を二つ追加したのだから、わかりやすすぎる。

さらに、この上を行く「おおおもやもやもや」という表現も残っている（『静寛《せいかん》院宮《いんのみや》 御側日記《おそばにっき》』）。これなどは（お×3）＋（もや×3）である。単純に計算すると「おもやもや」の二倍は忙しかったのだろう。

およしよし

意味 病気が治ること

公家言葉。「よしよし」というのは、いかにも病気が治った感じがする。ついでだが「無事に」は「おするする」という。よほど重ね言葉が好きだったのだろう。

手弱女　たおやめ

意味 か弱く美しい女／遊女

響きそのものが艶《あで》やかだ。「手弱女」と書くのは当て字で、「たお」は「撓《たわ》」（重さで木の枝などがしなるさま）から来たとされる。遊女の意味もある。

用例 日本の女性が、もっと、凛々しさを尊重し、手弱女などという呼び方をされることを厭うようになってほしい（岸田國士『女性へ 2』）

やらずの雨　やらずのあめ

意味 帰ろうとする人を引き止めるように

降る雨

「やらずの雨」というのは、何を「やらない」のか、長年の謎だった。別にやってもいいじゃないか。何をやるのかは知らないが……。

しかしこれは、「遣《や》らずの雨」、つまり「人を帰さないかのように降る雨」だったのだ。傘が高価であまり普及していなく、今より時間にうるさくない時代の言葉だろう。「そろそろ帰ろうかしら。あら、いつのまに雨が……」「急がなくていいじゃないか。濡《ぬ》れると風邪をひくよ。雨宿りしていきなよ」という感じか。

沛雨　はいう

意味　激しい雨

沛然《はいぜん》と降る雨を沛雨と言う。「沛然ってなんだ」と言われるかもしれないが、「雨が激しく降るさま」だ。なお、水が盛んに流れるさまを「沛沛《はいはい》」という。響きがふざけているので、覚えておくといいだろう。

例文　沛雨に打たれながら、僕はようやく綾香の部屋にたどり着いた。

篠突く雨　しのつくあめ

意味　激しく降る雨

「篠突く雨」という言葉は知っていたが、

「篠突く」とは何なのかよくわからなかった。これは、篠竹《しのたけ》（細い竹の一種）の束《たば》に突かれるように、細い雨が激しく降ってくる様子を描いているという。

天泣　てんきゅう

意味　晴れているのに降る雨

雲一つない快晴なのに、雨粒が降り、頬《ほお》を濡《ぬ》らす。誰でもこんな経験があるだろう。この現象を美的に「天泣」という。天が咽《むせ》び泣いているのである。

雲がないのに雨が降ってくる現象は神秘的で蠱惑《こわく》的だ。しかしこの原因は、雨が降った後に雲が移動したとか、雨が風に乗って飛ばされてきたというだけである。あまりに他愛のない事象だった。

翠雨　すいう

意味　青葉に降りかかる雨／みどりの黒髪にかかるしずく

「翠」は「みどり」とも読むから、翠雨は青葉に降りかかる雨をいう。また、黒く艶《つや》のある髪を「みどりの黒髪」というので、翠雨は「みどりの黒髪にふりかかる雫《しずく》」という官能美に溢《あふ》れた情景も描写している。

颶風　ぐふう

意味　激しく強い風。台風

「颶《ぐ》」はややこしい字だが、これだけで「つむじかぜ」と読む。日本では古代から台風のことは「野分《のわき》」と呼んでいたが、明治時代以降に「タイフーン」やら「大風」「台風」と言われ始めた。颶風はもとは中国の言葉である。

なお、「颱」という「台風」を一字に圧縮した漢字もある。これ一字で「たいふう」と読めるのでお得だ。唯一の欠点は、まず変換できないことだろう。

用例　砲車雲《もとくも》は拡《ひろ》がる、今にも一大颶風が吹起りそうに見える（二葉亭四迷『浮雲』）

洗車雨　せんしゃう

意味　陰暦七月七日または六日に降る雨

洗車と聞くと、ガソリンスタンドの洗車機を思い出し、まったく散文的な感じがするが、それとは違う。

洗車雨とは陰暦の七月七日または六日に降る雨のこと。七月七日は七夕だ。織女《しょくじょ》（織姫《おりひめ》）と牽牛《けんぎゅう》（彦星《ひこぼし》）が会いに行くときに乗る車を洗う雨、という意味である。

洒涙雨／灑涙雨　さいるいう

意味　陰暦七月七日または六日に降る雨

「洒涙《さいるい》」「灑涙《さいるい》」は「涙を注ぐ」という意味。

これも七夕関係の言葉で、陰暦七月七日または六日に降る雨のことをいう。

問題は、解釈により意味が割れることだ。七月六日に降る雨なら、牽牛と織女が出会うのを妨げる雨ということだ。七日なら、二人が別れるのを悲しむ雨ということになる。「催涙雨」と書くこともあるが、それは間違いである。

煙霞の癖　えんかのへき

意味 自然の風景を深く愛する性癖

煙霞とは、煙と霞《かすみ》。つまり、煙や霞がかかったような、ぼんやりとした美しい風景のこと。煙霞の癖とは、自然の風景を愛するという雅趣《がしゅ》ある性癖を言っている。

もうもうすきすき

意味 病気が治る

「もうー、大好きなの！」という愛の告白ではない。公家の言葉だ。

「もうもう」は病気のこと、「すきすき」は治るということ。あわせて、病気が治るという意味だ。『御湯殿上日記《おゆどののうえのにっき》』という宮廷の女官の書いた日記に残っている。

用例 二条のさきの関白もうもうすきすきにて（『御湯殿上日記』）

第9章

別世界の扉を開く言葉

小田原評定

おだわらひょうじょう

意味　いつまでたっても結論の出ない会議

戦国時代、豊臣秀吉が小田原城に籠《こも》る北条氏政《うじまさ》・氏直《うじなお》を攻めた。城内では戦うか和するかどうするか、議論が続いたのだが、いつまでたっても結論が出ず、空しく時だけが過ぎた。しかしついに北条氏は降伏せざるを得なくなり、戦国大名としての北条氏は滅亡してしまった。

この話から、いつまでたっても結論の出ない会議のことを小田原評定という。時々、一日中話し合っているのに、何一つ成果のない会議に出てしまうことがあるが、まさにそれである。

セクシー素数

sexy primes

意味　差が6になる素数の組

素数とは数学用語で、「1とその数以外に約数のない1より大きい整数」のこと。2、3、5、7、11……と無数にある。

これがセクシーだというから、「素数ごときがどうやったらsexyになるのか?」と疑問に思うだろう。

しかし、残念ながらセクシーとは「色っぽい」という意味ではない。ラテン語で6のことをsexというのだ。セクシー素数とは、「差が6になる素数の組」というまったく色気のない意味である。11と17、17と23などがそれだ。まったく興味を引かない

セクシー素数を(P, P + 6)とするとPは、

$$P = 11922002779 \times (2^{172486} - 2^{86243}) + 2^{86245} - 5$$

かもしれないが、最小のセクシー素数は5と11の組である。少しもセクシーではないが。

なお、現在発見されている最大のセクシー素数は5万1934桁もある。そのセクシー素数を(p, p + 6)とすると、pは上の数式で与えられる。この数式がセクシーに見えてきたら、本物だろう。

フレネミー　frenemy

意味　友人の顔をした敵

残酷な言葉。friend（友だち）とenemy（敵）を組み合わせたものだ。真の敵は、しばしば親友の顔をしてやって来る。

時代精神《じだいせいしん》

意味　その時代を支配する思想や気分

ドイツ語のZeitgeistの訳で、哲学者ヘルダーが十八世紀に初めて使った言葉とされる。その時代を支配する思想や気分を指す。

誰もが文明開化だとかIT革命、民主主義だコスパだタイパだと叫んでいる状況を

想像するとよい。

娘子軍　じょうしぐん

意味　女だけの軍隊

「むすめっこぐん」ではなく「じょうしぐん」と読む。

後に唐の始祖となる李淵《りえん》が挙兵したとき、娘の平陽公主《へいようこうしゅ》は自ら軍隊を率いて戦いに参じた。この軍隊は娘子軍と呼ばれた。平陽公主が組織した軍隊はすべて女性だけではなかったのだが、後に兵士もみな女性だけの軍隊を娘子軍と呼ぶようになった。

日本では、幕末の戊辰《ぼしん》戦争のときに会津側が組織した「婦女隊《ふじょたい》」が知られている。

会津戦争における婦女隊
(幕末維新勤王志士物語叢書『白虎隊』より)

ノブレス・オブリージュ

noblesse oblige

意味　身分の高い者にはそれに応じた義務があるということ

身分の高い者には、それに応じた義務や責任があるので、ふるまいに気をつけねばならない。

だから、イギリスの貴族や王族は率先して軍隊に志願し、危険な前線へも赴《おもむ》くから戦死者も多い。ウィリアム王子は路上で「ビッグイシュー」を売るなどのボランティア活動に従事している。また、ビル・ゲイツなどの富豪がしきりに財産を慈善団体に寄付するのもその一環である。

彼らが何一つ身を削ることがなく、ただ栄華をむさぼるだけだったら、とっくの昔に暴動が起こって彼らは引きずりおろされていただろう。ノブレス・オブリージュは、高貴な者の命を守るためにもあるのだ。

白い象

しろいぞう

意味　厄介《やっかい》もの。持て余しもの

かつてのタイでは、国王は気に入らない家来に「白い象」を贈ったという。

白い象は管理が難しいうえに、大飯を喰《く》らう。すさまじく飼育費がかかるのだが、王からいただいたものだから、殺すわけにも追放するわけにもいかない。白い象は神聖なものだと考えられていたから、上に乗ったり労働に使うこともできない。家来は白い象の処遇に困り果て、ついには破産してしまったという。

このお話から、英語では厄介もののことを white elephant という。それにしても、気に入らない家来を直接攻撃するわけではなく、逆に贈り物をして亡ぼしてしまうのだから、なんという陰湿な話だろうか。

デウス・エクス・マキナ

deus ex machina

意味 機械仕掛けの神／安易な解決策

古代ギリシアの演劇では、物語が紛糾すると、しばしば人間の扮《ふん》する神がクレーンのような機械で現れ、事態を収拾させていた。これをラテン語で deus ex machina（デウス・エクス・マキナ）、つまり「機械仕掛けの神」という。

物語を大団円にさせるには簡単かつ効果的な手法なのだが、やはり安直すぎるということで、古来から哲学者のアリストテレスなどから批判されてきた。

最後に水戸光圀《みつくに》が出てきて印籠《いんろう》を見せるだけで事が終わるテレビドラマの「水戸黄門」などはまさにこれだろう。また、どんなに困難に見舞われようとも、最後にはゴルゴの超人的な銃弾一発で事態が解決してしまう『ゴルゴ13』もこの類《たぐい》に違いない。

ディープスロート

deep throat

意味 内部告発者

一九七二年にアメリカでウォーターゲート事件が起こったとき、事件を追っていた「ワシントン・ポスト」の記者ボブ・ウッドワードは、ニクソン政権内のある重要人物から情報を得て、この事件に当時のニクソン大統領自身が関わっていることを突き止めた。この重要人物の正体は慎重に隠匿され、ディープスロート（deep throat）という偽名で呼ばれた。これは、当時大ヒットしていた「ディープスロート」というポルノ映画から来ている。deep throat は直訳すると「喉《のど》の奥深く」だ。

ディープスロートの正体は長い間謎だったが、二〇〇五年に当時の FBI 副長官だったマーク・フェルトがそれだったと明らかになった。そして、ディープスロートは、内部告発者を指す言葉にもなっている。ディープスロートは、情報源の奥深くに食い込んだ者である。

アジール　Asyl

意味　聖域。避難所

聖域を意味するドイツ語。そこに逃げこめば、世俗からの罰や迫害を受けない場所のことを言う。

日本で有名なのが駆け込み寺だろう。江戸時代には、夫が三行半《みくだりはん》（離縁状、→99ページ）を書かないかぎり妻は原則的に離婚できなかった。しかし、妻が駆け込み寺に逃げ込み、三年間尼として奉公すれば離婚は可能となった。つまり、駆け込み寺がアジールとしての機能を果たしていたのだ。

アジールはもちろん現代も存在する。迫害された民が大使館に駆け込み、亡命を求めることがしばしばあるが、これも大使館がアジールとなっているわけだ。大使館に逃げこめば、現地の警察は手出しをすることができなくなるからだ。

フェルミのパラドックス

Fermi paradox

意味 宇宙人がいるのならなぜ接触してこないのかという矛盾

一九五〇年に物理学者のエンリコ・フェルミが呈《てい》した疑問で、「地球外に文明がある可能性が高いなら、なぜわれわれに接触してこないのか?」というもの。

これに対しては、「だから宇宙人などいない」「宇宙人はいるが地球まで通信してくるほどの技術がない」「過去には来たが現在は来ていない」「宇宙人はいる、実際に私は会ったのだから」「実は私が宇宙人だ」などといろいろな回答が寄せられているが、いまだ決定的なものはない。

動物園仮説

zoo hypothesis

意味 宇宙人が人類に接触してこないのは地球を動物園だと見なしているからだという仮説

フェルミのパラドックスに対する回答の一つ。宇宙人は地球人を劣った存在だと見なしていて、簡単に接触すると地球文明を破壊してしまうので、動物園か自然保護区のように扱い、接触を避けているという説。

これは、地球でも非接触部族に対して行われていたりするので、理屈としてはわかる。もっとも、宇宙人が地球人と同じ論理や倫理を兼ね備えているという保証はどこにもないのだが。

暗黒森林理論

dark forest theory

意味　地球外文明は人類に見つからないように姿を隠しているという説

フェルミのパラドックスに対する答えの一つ。宇宙人はいるのだが、地球人からの攻撃を避けるために姿を隠しているという説である。

つまり、我々は宇宙人を発見できないだけというわけだ。控えめでシャイで引きこもりな宇宙人なら、ありうることだろう。

もっとも、技術的に進んだ文明を隠匿することは難しいという反論もある。音などを完全に消すのは困難だからだ。

マンデラ効果

Mandela effect

意味　集団的な記憶の間違い

南アフリカ共和国の大統領だったネルソン・マンデラには奇妙な噂《うわさ》が付きまとっていた。彼は、実は一九八〇年代に獄死していたというのだ。

しかし、そんなことはありえない。な

ぜなら、マンデラは一九九四年から一九九九年まで南アフリカの大統領を務め、二〇一三年に亡くなったのだから。しかし、多くの人々がマンデラは一九八〇年代に獄中死したと信じ、それを報じたニュース番組や新聞記事まで見たと主張するのだ。

　このように、多くの人々がいっせいに事実とは異なる記憶を持つことがあり、これをマンデラ効果という。

　マンデラ効果は、いろいろな分野で確認されている。たとえば、「ピカチュウの尻《しっ》尾《ぽ》の先は黒い」「一九七〇年代にファンタ・ゴールデンアップルという飲物があった」「『巨人の星』のアニメのオープニングで星飛雄馬が整地ローラーを引いていた」「ケネディが暗殺されたときに乗っていたオープンカーは六人乗りではなく四人乗りだった」「キットカット（KitKat）のロゴにはハイフンが入っている（Kit-Kat）」などがある。

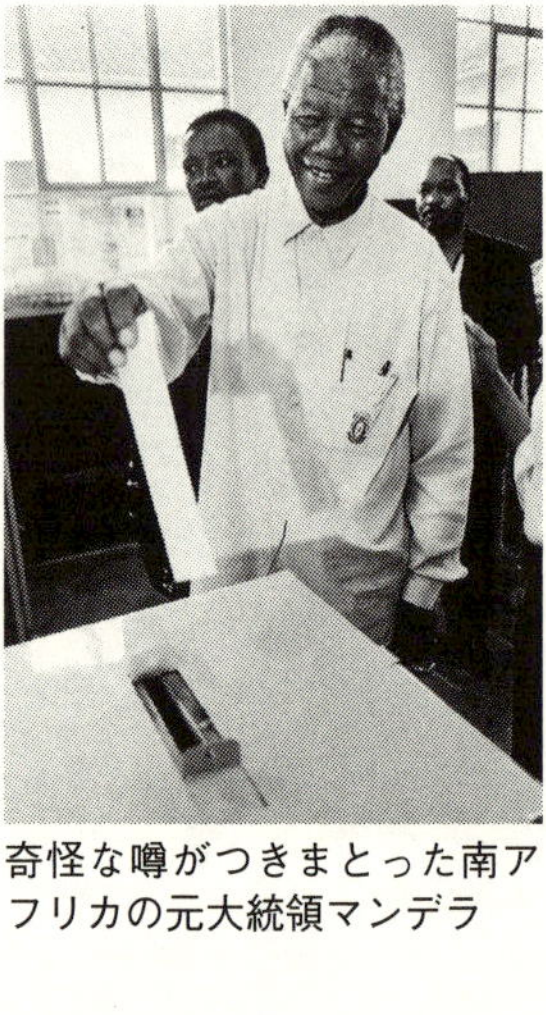

奇怪な噂がつきまとった南アフリカの元大統領マンデラ

　なぜこのような不可解な現象が起こるのだろうか。「ただの記憶違い」ですませるのが一番簡単だが、別の解釈もある。たとえば、マンデラが大統領になった世界と獄死した世界の二つがあり、人々はこの間を移動してしまったというものだ。パラレルワールドが存在するという説である。いかにも胡散《うさん》くさい話なのだが、人は信じたいものしか信じないのだから、信じたいものを信じたらいいだろう。

カリギュラ効果

Caligula effect

意味　禁止されるとかえってやりたくなる現象

一九八〇年にイタリア・アメリカの合作映画「カリギュラ」が上映された。古代ローマ帝国の暴君であるカリギュラ皇帝を描いたものだが、過激な描写が多かったので、各地で上映が制限されてしまった。ところが、このことがかえって人々の好奇心を刺激し、結果的に映画はヒットしてしまった。

この事実から、本をベストセラーにするのは簡単だとわかる。一度発禁にされてしまえば、多くの人が読みたがるようになり、どこにも売ってないのにみんなどこかで買い始め、爆発的に売れるようになるだろう。

カクテルパーティー効果

cocktail-party effect

意味　パーティーの喧騒《けんそう》の中でも、自分に関心のあることだけは聞き取れる現象あなたはパーティーや飲み会に参加している。ざわめきに満ちた空間で、離れたグループが自分の名前を口にしたとたん、それに気づいた経験はないだろうか。これは「カクテルパーティー効果」の魔術である。

人間はすべての情報を平等に受け入れているわけではなく、必要なものだけを選んで取り込んでいる。これを「選択的注意」(selective attention)という。これは当たり前のことで、もしこの世の情報をすべて公平に受け入れていたら、おそらく人間の精神は耐えきれず崩壊してしまうだろう。

見えないゴリラ実験

invisible gorilla test

意味 ゴリラが突然現れても多くの人が気づかないという実験

一九九九年、認知心理学者のクリストファー・チャブスとダニエル・シモンズはある実験を行った。

まず、実験参加者に人々がバスケットボールをパスしあう映像を見るように言い、「白い服を着た人々が何回パスしたか数えてください」と指示する。

何人もの人々がボールをパスしあっている。ところが、そこにいきなりゴリラの着ぐるみを着た者が現れ、自分の存在を誇示するかのように胸を叩《たた》き、画面の外に消えていく。ゴリラが現れたのは約九秒だった。

わずか二十秒ほどの映像を見終わった後、「あなたはゴリラに気づきましたか？」と聞く。ところが、半数もの人がゴリラに気づかなかったのだ。ゴリラはあんなにあからさまに出現し、胸まで叩いて目立とうとしたのに。ボールに着目しすぎていたのだ。

チャブスとシモンズは、この実験で二〇〇四年にイグ・ノーベル賞を受賞している。またその後、"The Invisible Gorilla"（見えないゴリラ）というタイトルの本を発表している。

この実験は、人間の観察力がいかにあやふやで独善的なものかを教えてくれる。裁判で証人の証言がしばしば食い違うのも、見えないゴリラの悪戯《いたずら》なのだろう。

賢馬ハンス効果

clever Hans effect

意味　人間や動物がテストや検査を受けるとき、周囲の者の挙動から正解を知ること

十九世紀末ころ、ドイツに天才的な馬がいるとして大騒ぎになった。その馬はハンスという名前で、計算や音楽の問題に見事に回答するのだ。そのとき、ハンスは答えの数だけ蹄《ひづめ》を踏み鳴らした。

「いかさまだろう」と疑う者も大勢いたが、そのトリックはどうしても見つからなかっ

た。しかし、後の調査で不思議なことがわかった。出題者や観衆が正解を知っている場合は、ハンスの正答率は九割にも上ったが、誰も正解を知らない場合は、ハンスの正答率は一割にまで落ち込んだのだ。

ハンスが実際に「計算」を披露しているところ

つまり、ハンスは周囲の人間の動静を読み取り、それで正解を知ったのだった。たとえば、三×五という問題があるとする。ハンスは蹄を踏み鳴らしていくのだが、人間どもの表情や挙動を読み取り、十五回踏み鳴らしたところでやめただけなのだった。別にこの馬が計算や音楽を本当に理解していたわけではない。

実験者が意図せずに被験者に影響を及ぼし、結果的に実験結果を歪《ゆが》めてしまうこともある、という話である。

確証バイアス
confirmation bias

意味 自分の考えに合う情報だけを集め、

それに反するものは無視する傾向

地震が起きる前に、不思議な現象が頻発すると聞いたことがあるかもしれない。犬がやたらと吠《ほ》える、セミがいっせいに鳴き止《や》む、クジラが海岸に打ち上げられる、夕焼けの空が血のように赤くなる、隣のお婆さんがなぜか騒ぎだす——といった具合だ。

しかし、科学的に証明された地震の前兆はない。実は、犬が吠えるのも婆さんが騒ぐのも、年がら年中起こっているのに、地震が起きたという事実から、そういった事象に注目してしまったというだけだ。

このように、自分の考えに合う情報だけを集め、それに反するものは無視する傾向を確証バイアスという。インターネットの恐ろしいところは、たとえば「○○人は卑劣だ」という偏見を抱いてしまえば、それに合致する情報だけが集まってくることだ。そしてますます偏見が強化される。その情報とやらが正しい保証もどこにもない。

意地悪世界症候群

mean world syndrome

意味　メディアの影響によりこの世が実際よりも邪悪だと思い込むこと

「このところ犯罪のニュースが多いな。日本も治安が悪くなったなあ」などと思ったことがあるかもしれない。もしそうだとしたら、あなたは意地悪世界症候群に犯されている可能性がある。

実は、日本の刑法犯認知件数のピークは二〇〇二（平成十四）年の約二八五万件で、二〇二三（令和五）年は約七十万件と、四分の一以下なのだ。現代の日本は、戦後もっとも犯罪の少ない時代だと言えるのだ。

アメリカでの研究によると、テレビの視聴時間が長い人のほうが、自分が暴力沙汰《ざた》に巻き込まれる可能性が高いと感じ、世界は冷たくて悪人に満ちていると考える傾向が強いとわかった。メディアの暴力的な情報に晒《さら》されることにより、人は世界が意地悪だと感じるようになる。これが意地悪世界症候群（mean world syndrome）である。

よく「犬が人間を噛《か》んでもニュースにはならないが、人間が犬を噛むとニュースになる」と言われる。つまり、めったに起こらないからこそ、ニュースとして取り上げられるわけだ。もしあなたが「犯罪のニュースが多すぎる」と感じるのなら、それは犯罪が極めて少ないことの証《あかし》なのだ。もし世界を犯罪が埋め尽くしているのなら、犯罪のニュースはいっさいなくなるだろう。犯罪はもはや日常であり、ニュースで取り上げる価値すらないのだから。

ナンセンスな数式効果

nonsense math effect

意味 文章の中に数式が入っていると、それが無意味なものでも文章の価値が上がること

$$\int_0^{\infty} \frac{\tan x}{\sqrt{x}} dx = 5 \iint_0^{\infty} \sin t^3 \, dt$$

この項目の内容は、上の数式で表すことができる。

スウェーデンの心理学者エリクソンは、次のような実験をした。二つの論文をいろいろな分野の研究者に提示する。一方の論文にはまったく無意味な数式を入れておく。すると、無意味な数式が入った論文のほうが、研究者からの評価が高くなったのだ。

まったく無意味な数式を入れているのだから、むしろ論文の質は下がっているはずだ。ところが、数式を理解できない者ほど、その論文をすばらしいものだと感じたのだ。

このように、文章の中に数式が入っていると、それが無意味なものでも文章の価値が上がることを「ナンセンスな数式効果」（nonsense math effect）という。人間は、訳のわからないものを尊敬してしまうものだ。わかりやすく書かれた本よりも、意味不明な本のほうがしばしば尊重されるのも同じメカニズムである。

この実験によると、数学者など数式に詳しい者は、ナンセンスな数式効果に捕らわれなかった。ただし、私が大学で数学を教えている知人に「意味のない数式を見て、それが意味がないとすぐにわかる？」と聞くと、彼は「わからないね」と答えた。その数式が意味があるかないかは、慎重に吟《ぎん》味《み》しないとわからないというのだ。だとしたら、数学者でもナンセンスな数式効果に騙《だま》される危険性はある。

さて、この項の冒頭に掲げた数式は、言うまでもなく、私が適当につくったデタラメな数式である。この項の説得力に貢献してくれただろうか。

公正世界仮説

just-world hypothesis

意味 人間の行いには公正な結果が返ってくるという思い込み

いわゆる「因果応報」「自業自得」という考え方。この世は公正なものだから、良い人には良い結果が、悪い人には悪い結果が訪れるという発想だ。見出し語は just-world hypothesis の訳語である。

もっともらしい考え方だが、これは一方で犯罪被害者や弱者を非難することにもつながる。「あいつは普段の行いが悪いから、犯罪に巻き込まれたんだ」というわけだ。また、「あの人が権力を得たのは、行いが良かったからだ」という発想にもつながる。公正世界仮説は、現在の体制や権力を無条件に肯定することになりかねない。

だから、「ひょっとしてこの世はろくでもないんじゃないか」と時々思って見るのも悪くないだろう。

身元のわかる犠牲者効果

identifinable victim effect

意味　誰だかわからない犠牲者よりも誰か
わかる犠牲者に共感すること

　こんな実験がある。実験参加者に二つの文章を読ませる。一つは「〇〇万人が飢餓に苦しんでいる」「トウモロコシの生産量が四十二パーセント落ちこんだ」などという総体的な文面。もう一つは、少女の写真を添えて「この〇〇という名の少女をあなたの寄付で救うことができる」というもの。

　この場合、後者に寄付すると言った者が、前者に寄付すると言ったものの二倍以上に上った。当たり前のことだが、人間は抽象的な数字や事実よりも、一人の少女の涙に動かされるのだ。身元のわかる犠牲者効果（identifinable victim effect）が働くからである。

　慈善団体が、しばしば「ラオスの〇〇という子の里親になってください」と呼びかけたり、寄付を募《つの》るパンフレットに一人の飢えた子どもの写真を載せるのも、人間は数字よりも一人の幼児の泣き声に耐えることができないからだ。

バンドワゴン効果

bandwagon effect

意味　ある選択肢を取るものが増えると、
それに同調する者がさらに増えてい
くこと

この世には二種類の人間しかいない。行列に並ぶのが好きな人間と、嫌いな人間である。

バンドワゴンとは、パレードの先頭を行く楽隊を乗せた車のこと。かつてアメリカでは、選挙運動のパレードをしたとき、バンドワゴンの中に支持者を次々と招き入れた。このことから、ある選択肢を取るものが増えると、それに同調する者がさらに増えていくことをバンドワゴン効果(bandwagon effect)という。要するに、「勝ち馬に乗る」ということだ。

選挙で「優勢だ」と報じられた候補や政党が、加速度的に支持者を増やしていくのは、バンドワゴン効果が働いているからだ。

また、「〇万人がこのリップを愛用しています」「すでに五百万本が売れています」などと宣伝するのもそれだ。行列ができている店を見たら、思わず一緒に並んでしま

アメリカのサーカスのバンドワゴン

う心理もここから来ている。「みんなが並んでいるから美味《おい》しいんだろう」と思ってしまうのだ。これを逆手にとって、サクラを雇って行列をつくらせる店すらある。バンドワゴンの中に引き入れる生贄《いけにえ》を狙《ねら》っているわけだ。

アンダードッグ効果

underdog effect

意味　選挙で劣勢だと報じられた候補者が、逆に票を集め勝利する現象

この世がすべてバンドワゴン効果で終わるなら、さぞかし退屈で画一的な世の中になるに違いない。しかし、そこはうまくしたもので、アンダードッグ効果（underdog effect）なるものもある。アンダードッグとは負け犬という意味だ。

いわゆる「判官贔屓《ほうがんびいき》」で、弱いものに味方したくなるという心理だ。選挙でも、ある候補が苦戦している、劣勢だと報じられると、その候補に同情が集まり、逆に票を集めて勝ってしまうことがある。よく立候補者が選挙運動中に「苦戦しています、あと一歩です、なんとかお力をお貸しくださいい！」と叫んでいるのも、アンダードッグ効果を狙《ねら》っているのかもしれない。

バーナム効果

Barnum effect

意味　占いなどで、誰にでも当てはまるよ

うな性格に関わる説明を、自分に当てはまっていると思い込むこと

こんな実験がある。フランスのゴークランという占星術師かつ心理学者が、「占星術で性格判断します」と新聞に広告を載せた。応募してきた者には結果を記して送付した。すると、百五十人のうち九十四パーセントもの人が「この占いは当たっている！」と感じたという。

なんと有能な占星術師だろう！　しかし、一つだけ問題があった。実は、ゴークランは、すべての人に同じ結果を送っていたのだ。しかもその結果とは、ある凶悪犯罪者の生年月日に基づいて占星術で性格判断したものだった。

まったくのデタラメだったわけだが、なぜ多くの人が「この占いは当たっている！」と感動したのか。

それは、性格判断の文章はしばしば曖昧《あいまい》で、誰にでも当てはまることが多いからである。

「あなたは時として社交的だが、時には内向的になり内にこもる」「あなたは自分の決断が正しかったのか悩むことがある」「あなたは人から愛され称賛されたいと思っている」

……これらの文章が、どれもまったく自分に当たっていないと思う人は、どれほどいるだろうか。人は誰でも、時には社交的になったり、時には内にこもったり、悩んだり、愛されたいと願うものだからだ。

占いなどで、誰にでも当てはまるような性格に関わる説明を、自分に当てはまっていると思い込むことをバーナム効果（Barnum effect）という。占いやさまざまな怪しい性格判断が存続できる理由の一つが、これである。

バーナム効果とは、アメリカでサーカスなどの興行師だったP・T・バーナムの We've got something for everyone（誰にとっても良いものがここにあります）という言葉から来ている。誰にとっても良いものは、誰にとってもどうでも良いものにすぎない。

ギャンブラーの誤謬

gambler's fallacy

意味 自分の主観で、ランダムに起きる確率を実際より歪めて期待すること

あなたはルーレットをやっている。ボールが赤に入るか、黒に入るかで賭《か》けをする。今まで、なんと二十六回も黒に連続して入った。さて、あなたは次はどちらに賭けるだろうか？

二十六回も黒に連続して入る確率は、六六六六〇万回に一回しかない。まず起こらない確率だ。だから、次こそ赤が来るにちがいない――と赤に賭けるだろうか？

実は、これは一九一三年八月十八日にモナコのモンテカルロカジノで起きた事態だ。

ギャンブラーたちは赤に大金をつぎ込んだ。そして、次もまた黒が出てしまったのだ。赤に賭けたギャンブラーは破産してしまった。

冷静に考えるとわかるだろう。二十六回も黒に連続して入る確率六六六〇万回に一回。しかし、次に黒が入る確率は、ただの五十パーセントにすぎない。赤と黒しかないのだから。別にその前に何回続けて黒に入ろうが、次に何が出るかには関係しないのだ。

ここで赤に賭けた者は、ギャンブラーの誤謬《ごびゅう》（gambler's fallacy）に陥《おちい》っていたわけだ。

ただし、赤に賭けた者が完全に間違っていたわけでもない。確率がどうのこうの言おうが、それは「ルーレットが公正に回っている」ことを前提にしている。もしルーレットにいかさまが仕組まれていたら、数学的な確率など何の意味もないからだ。必要以上に確率や数字にこだわると、今度は「心理学者《サイコロジスト》の誤謬」に陥り、やはり大金を掠《かす》め取られるだろう。心理学者の言うことも、ギャンブラーの誤謬というテーゼも、いつでも正しいとは限らない。現実がそれを乗り越えていくこともある。

コンコルド効果

Concord effect

意味 それまでに費やした金や労力が惜しいあまり、撤退できずかえって大損

をすること

コンコルドとは、イギリスとフランスが共同開発した超音速旅客機である。この開発には莫大《ばくだい》な費用がかかり、かりに運航しても絶対に採算割れをするとわかっていた。しかし、すでに大量の資金と労力をつぎ込んだのだから、いまさら引き返せない。コンコルドは一九七六年に初めて就航したが、航行費用が高いうえにひどい騒音を巻き起こし、オゾン層を破壊するということで、ついに二〇〇三年に運航を中止してしまった。

この悲しい故事を記念して、サンクコスト（すでに費やしてしまって取り返すことができない費用）を捨てることができなかったために、かえって損失を被《こうむ》ることを「コンコルド効果」（Concord effect）と呼ぶようになった。

やはり、サンクコストは無視して生きるのが得策のようだ。たとえばギャンブルに多額の金をつぎ込んで負け続けたとき、「ここまで金を賭《か》けたのだから、後には引けない。次は絶対に当ててやるぞ」と考える者は、ギャンブルの沼に堕《お》ちていくことになる。ここで敢然と「ケッ、あんなはした金、てめえらにくれ

超音速旅客機コンコルド

てやらあ！」と捨て台詞《ぜりふ》を吐いて席を蹴《け》るのが、もっとも賢いギャンブラーの生き方だろう。

エコーチェンバー現象
echo chamber effect

意味 インターネットなどで自分に近い意見を持つ者同士が共感しあい、その意見や考え方が増幅していく現象

エコーチェンバーとは反響音を録音する部屋のこと。狭い密室で音が反響し、増幅して大きくなっていくように、インターネットなどで自分に近い意見を持つ者同士がつるみあい、その意見や考え方が増幅し、極端になっていく現象をエコーチェンバー現象（echo chamber effect）という。

インターネットとはまったく不思議な空間で、世界に開かれているはずなのに、のめり込めばのめり込むほど世界が狭くなっていく。検索などは個人用にカスタマイズされているので、やればやるほど自分に都合のいい情報しか出てこなくなる。パソコンやスマホを捨てて旅に出たほうが、どれほど世界が広くなるかわかったものではない。

アハ体験
Aha-Erlebnis

意味 「あっそうか、わかったぞ」と突然に理解する体験

「アハ体験」という響きは人をなめている。ドイツの心理学者ビューラーの提唱した概念で、原語はAha-Erlebnisである。「あ、そうか、わかったぞ」といきなり何かを理解した瞬間は多くの人にあるかもしれない。ahaとは「ははあ、ほうら」とかいう意味の間投詞である。日本語に直訳すると「ははあ体験」という感じか。やはり人をなめている。英語ではaha-moment,eureka effectなどという。

レッドヘリング

red herring

意味　注意を他にそらせるもの

レッドヘリング（red herring）は直訳すると「赤いニシン」だが、実際にそんなニシンが存在して泳いでいるわけではない。レッドヘリングとは燻製《くんせい》のニシンのことで、身が赤いからその名がある。

レッドヘリングは独特のきつい臭いがするので、猟犬がそれを嗅《か》がされると、注意

血で書かれた文字を調べるシャーロック・ホームズ

がそちらにそらされてしまう。だから、レッドヘリングは「注意を他にそらせるもの」を指すようになった。しばしば推理小説などに出てきて、読者を迷わせる紛《まぎ》らわしい証拠とか、いかにも犯人らしく見えてしょうがない登場人物などがそれだ。

たとえば、コナン・ドイルの『緋色《ひいろ》の研究』に出てくる、殺人現場の壁に血で書かれた"Rache"という文字はレッドヘリングと言える。グレグソン警部はこれを「被害者はRachel（レイチェル）という女の名前を書こうとしたのだ」と主張するのだが――。

疑存島

ぎそんとう

意味 地図には載っているが実在しない島

この世には、地図には載っているが、実際には存在しない島が多くあった。大西洋に浮かび「そこへ行くと不老不死になる」と言われたハイ・ブラジル、日本の東にあり、金銀が埋まっているとされたガマ島、アメリカとメキシコの国家紛争にまで発展したベルメハ島――などだ。

なぜこれら疑存島（phantom island）が生まれるのか。それは、科学技術の発達していなかった時代に、臆測や噂、不確かな目撃情報、言い伝えなどに基づいて地図をつくってしまったからだ。中には、詐欺を仕掛けるためにでっちあげられた島さえある。

そして、一度地図に載ってしまうと、そ

れを消し去ることは難しい。その島が存在しないことを証明することは困難であり、そのためには実際にその海域まで行って、島が実在しないことを立証しなければならないからだ。

十六世紀の地図。北大西洋に Frisland という実在しない島が載っている

　なお、日本にも疑存島はあった。その一つが、太平洋の東にあると言われた中《なか》ノ鳥《とり》島《しま》だ。この実在しない島を、日本政府はなんと一九〇八（明治四十一）年に領有宣言してしまった。中ノ鳥島が海図から削除されたのは、ようやく一九四六（昭和二十一）年になってからである。

聞き做し　ききなし

意味　鳥の鳴き声を人間の言葉に置き換えて聞くこと

どうやら、鳥たちは人間の言葉を話して

いるらしい。昔の日本人は、鳥たちは次のような言葉を話していると伝えている。

たとえば、コジュケイは「ちょっと来い、ちょっと来い」、ホオジロは「一筆《いっぴつ》啓上《けいじょう》仕《つかまつ》り候《そうろう》」、メジロは「長兵衛《ちょうべえ》、忠兵《ちゅうべ》衛《え》、長忠兵衛《ちょうちゅうべえ》」、ヤイロチョウは「白ペン黒ペン」、センダイムシクイは「焼酎いっぱいグイー」と訴えかけているようだ。どれもまったく意味不明だが。

もちろん、鳥が本当に人間の言葉を喋《しゃべ》っているわけではない。人間が勝手に鳥の歌を人間の言葉として解釈しているだけだ。

人間は無意味なことに耐えられない。だから、おそらく人間にとっては意味のない鳥の鳴き声さえ、人間の言葉として聞いてしまうのだ。外国語の歌が時々日本語のものに聞こえることがあるのも、同じメカニズムだろう。

ブーバ／キキ効果

bouba/kiki effect

意味 音声と形状の認知に相関関係がある現象

上の二つの図形のうち、どちらが「ブーバ」でどちらが「キキ」に見えるだろうか？

これは、ドイツの

心理学者であるヴォルフガング・ケーラーが行った実験である。馬鹿げた実験だと思われるかもしれないが、不思議なことに、九十八パーセントもの人が右がブーバで、左がキキだと答えたのだ。これには、母語や年齢による違いもなかった。

なぜこのような不思議な現象が起こるのか。それは、人間はブーバと発音するときは口を丸め、キキと発音するときは口を引き延ばすからだと考えられている。

つまり、言葉の意味と音には密接なつながりがあり、そのつながりは、言語に関わらず共通性があるということだ。企業が商品名を考えるとき、単なる言葉の意味だけではなく、音のイメージも考慮してつくることは、広く行われている。

共感覚《きょうかんかく》

意味　一つの刺激が、一つの感覚だけではなくほかの感覚も呼び起こすこと

「Aは黒、Eは白、Iは赤、Uは緑、Oは青」

十九世紀フランスの詩人アルチュール・ランボーの有名な詩「母音」の一節である。ランボーは、フランス語の母音に色彩を見ていた。彼は、複数の感覚がつながる共感覚を持っていたのである。

共感覚の例は多種多様だ。数字に色がついて見えたり、音を聞くと色彩が見えたり

する。小文字が輝いて見える人もいる。音に臭いを感じたり、味に形を感じたり、臭いに色を感じる者もいる。

共感覚の持ち主は、二百人に一人くらいとされている。しかし、一般人が共感覚とまったく縁がないとも言えない。「黄色い声」「暗い音」「明るい響き」など、感覚が入り混じった表現は日常的に使われているからだ。共感覚は、ひょっとしたら人類が普遍的に持っている感覚のかけらなのかもしれない。

18歳の詩人アルチュール・ランボー

あとがき

日本語を消滅させないために

前に、奇妙な漢字や熟語について本を書いたことがある。

それは、𠥽《ほう》・𠁥《ちゅう》・嫐《じょう》や、巳己巳己《いこみき》・我利我利《がりがり》とかいった、日常生活ではまずお目にかからない言葉を取り上げたものだったが、これらの本を書き終えた後、次は奇妙な日本語について書いてみたいと思い、執筆したのが本書である。

本書を書いていて面白かったのは、かなりの言葉がパソコンで変換できなかったことだ。これはもちろん、そういった日本語が存在しないというわけではない。実際に辞書や書物には載《の》り、使っている人々がいるのだから。

単に、日本語の豊饒《ほうじょう》さや多様さにＩＴ技術が追いついていないだけなのだ。この場合、「変換できないからこんな日本語は存在しないんだな」と諦《あきら》めてしまうと、日本語は痩《や》せ細っていき、最後には消滅してしまうかもしれない。日本語の限界を、コンピューターに決めさせるべきではない。

言葉の奥深いところは、言葉だけで終わらないことだろう。言葉にはしばしばそこに映る物語があり、そこから流れ出す音楽がある。

「かわひらこ」という言葉からは、川を儚《はかな》げに飛び渡っていく蝶《ちょう》の姿が映し出され、「暗黒森林理論」からは、暗い森に潜む謎めいた獣たちの息吹《いぶき》や咆哮《ほうこう》が聞こえてくる。言葉から迸《ほとばし》るメロディーや映像まで感じていただければ、著者としても喜ばしいかぎりだ。

本書の進行のサポートをしてくださったアップルシード・エージェンシーの鬼塚忠さん、栂井理恵さん、有海茉璃さんに深い感謝を捧げたい。

二〇二四年十月

杉岡 幸徳

主要参考文献

『日本国語大辞典　第二版』日本国語大辞典第二版編集委員会、小学館国語辞典編集部編集、小学館
『新明解四字熟語事典　第二版』三省堂編修所編、三省堂
『お国柄ことばの辞典』加藤迪男編、東京堂出版
『三省堂国語辞典から消えたことば辞典』見坊行徳・三省堂編修所編著、三省堂
『大漢和辞典』諸橋轍次著、大修館書店
『講談社新大字典』上田萬年編、講談社
『暮らしの中のことわざ辞典』折井英治編、集英社
『新明解故事ことわざ辞典』三省堂編修所編、三省堂
『本当にある！変なことわざ図鑑』森山晋平（文）、角裕美（イラスト）、プレジデント社
『日本俗語大辞典』米川明彦編、東京堂出版
『集団語辞典』米川明彦編、東京堂出版
『明治・大正・昭和の新語・流行語辞典』米川明彦編著、三省堂
『俗語発掘記　消えたことば辞典』米川明彦、講談社
『広辞苑』新村出編、岩波書店
『邦訳 日葡辞書』土井忠生、森田武、長南実編訳、岩波書店
『有斐閣 現代心理学辞典』子安増生、丹野義彦、箱田裕司監修、有斐閣
『全国方言辞典』東條操編、東京堂出版
『漢字の字源』阿辻哲次、講談社

『日本方言大辞典』佐藤亮一・小学館辞典編集部編、徳川宗賢監修、小学館
『角川古語辞典』中村幸彦、岡見正雄、阪倉篤義編、角川書店
『新版　大阪ことば事典』牧村史陽編、講談社
『知ってるようで知らない日本語辞典』加納喜光、講談社
『江戸秘語事典』中野栄三、慶友社
『辞典〈新しい日本語〉』井上史雄、鑓水兼貴編著、東洋書林
『琉球語辞典』半田一郎編著、大学書林
『戦前尖端語辞典』平山亜佐子編著、左右社
『刑事弁護人のための隠語・俗語・実務用語辞典』下村忠利著、現代人文社
『業界裏用語辞典』裏ＢＵＢＫＡ編集部編、コアマガジン
『ギリシャ語辞典』古川晴風編著、大学書林
『現代ギリシア語辞典』川原拓雄著、リーベル出版
『小学館　独和大辞典〔第２版〕』国松孝二他編著、小学館
『講談社オランダ語辞典（ＫＳ専門書）』Ｐ・Ｇ・Ｊ・ファン・ステルケンブルグ、Ｗ・Ｊ・ボート、日蘭学会監修、講談社
『小学館ロベール仏和大辞典』小学館ロベール仏和大辞典編集委員会編、小学館
『日中辞典〔第３版〕』北京・対外経済貿易大学、北京商務印書館、小学館編、小学館
『コロンビア大学現代文学・文化批評用語辞典（松柏社叢書 言語科学の冒険 6）』ジョゼフ・チルダーズ、ゲーリー・ヘンツィ編・杉野健太郎、中村裕英、丸山修訳、松柏社
『お公家さんの日本語』堀井令以知、ルックナウ（グラフＧＰ）

『御所ことば（風俗文化史選書〈12日本風俗史学会編集〉）』井之口有一、堀井令以知著、雄山閣出版
『使いこなしてみたい大和言葉の形容詞』本郷陽二、実務教育出版
『日本の大和言葉を美しく話す』高橋こうじ、東邦出版
『心を語るおもしろい日本語』蔵下棕它、グラフ社
『情報を正しく選択するための認知バイアス事典』情報文化研究所（山﨑紗紀子、宮代こずゑ、菊池由希子）著、高橋昌一郎監修、フォレスト出版
『情報を正しく選択するための認知バイアス事典 行動経済学・統計学・情報学編』情報文化研究所（米田紘康、竹村祐亮、石井慶子）著・高橋昌一郎監修、フォレスト出版
『あなたを陰謀論者にする言葉』雨宮純、フォレスト2545新書
『図録 性の日本史』笹間良彦、雄山閣
『名字の謎がわかる本：あなたのルーツをたどる』森岡浩、幻冬舎
『思考実験入門 世界五分前仮説からギュゲスの指輪まで』前田圭介、講談社
『陰謀論時代の闇：日本人だけが知らない世界を動かす〝常識〟の真相』宇佐和通、笠間書院
『奇妙な漢字』杉岡幸徳、ポプラ社
『奇妙な四字熟語』杉岡幸徳、ポプラ社
『朝日新聞校閲センター長が絶対に見逃さない間違えやすい日本語』前田安正、すばる舎
『アメリカ畸人伝』カール・シファキス著、関口篤訳、青土社
『万葉集全解』多田一臣訳注、筑摩書房
コトバンク https://kotobank.jp

Weblio 国語辞典　https://www.weblio.jp
単語はかせ Bot 単語一覧　https://bothakase.revinx.net
Cambridge Dictionary　https://dictionary.cambridge.org/
英辞郎　on the WEB　https://eow.alc.co.jp/
goo 辞書　https://dictionary.goo.ne.jp

その他、多くの書籍、新聞、雑誌、ウェブサイトなどを参考にさせていただきました。

Photo Credit

P27

Created by modifying "Korean-bamboo-wife2" ©Thomas Albert, Ph.D. (27 October 2006)(Licensed under CC BY-SA 3.0) 〈https://commons.wikimedia.org/wiki/File:Korean-bamboo-wife2.jpg〉 〈https://creativecommons.org/licenses/by-sa/3.0/deed.ja〉

P81-82

Created by modifying "Location of Liechtenstein within Europe." ©Elevatorrailfan(4 December 2016)(Licensed under CC BY-SA 4.0) 〈https://commons.wikimedia.org/wiki/File:Europe-Liechtenstein.svg〉 〈https://creativecommons.org/licenses/by-sa/4.0/deed.ja〉

Created by modifying On the globe, the Republic of Uzbekistan is depicted in dark green." ©No machine-readable author provided. С е м ё н В л а д и м и р о в и ч assumed (based on copyright claims).(27 October 2010)(Licensed under CC BY-SA 3.0) 〈https://creativecommons.org/licenses/by-sa/3.0/deed.ja〉 〈https://commons.wikimedia.org/wiki/File:%D0%A3%D0%B7%D0%B1%D0%B5%D0%BA%D0%B8%D1%81%D1%82%D0%B0%D0%BD_%D0%BD%D0%B0_%D0%B3%D0%BB%D0%BE%D0%B1%D1%83%D1%81%D0%B5.svg〉

P91

Created by modifying "touchstone set" ©jcw(2011)(Licensed under CC BY-SA 2.5)〈https://commons.wikimedia.org/wiki/File:Pierre_de_touche.jpg〉〈https://creativecommons.org/licenses/by-sa/2.5/deed.ja〉

P96

Created by modifying "JR Central Akogi Station Station building" ©Mister0124(15 July 2023, 10:58:40)(Licensed under CC BY-SA 4.0)〈https://commons.wikimedia.org/wiki/File:JR_Central_Akogi_Station_building_Mie_Pref.jpg〉〈https://creativecommons.org/licenses/by-sa/4.0/deed.ja〉

P97

Created by modifying "永楽通宝の「鋳写（いうつし）鐚銭」（室町末期）" ©ういき野郎（２０１７年８月15日）(Licensed under CC BY-SA 4.0)〈https://commons.wikimedia.org/wiki/File:Bitasen.jpg?uselang=ja〉〈https://creativecommons.org/licenses/by-sa/4.0/deed.ja〉

P108

Created by modifying "Coso Artifact Modern Photo From 2018 investigation via Pierre Stromberg" ©Pierre Stromberg(1 December 2018, 18:35:35)(Licensed under CC BY-SA 4.0)〈https://commons.wikimedia.org/wiki/File:Coso_Artifact.jpg〉〈https://creativecommons.org/licenses/by-sa/4.0/deed.ja〉

P138

Created by modifying "Complex type of guardrail" ©＋｜(Licensed under CC BY-SA 3.0)〈https://commons.wikimedia.org/wiki/File:Complex_type_of_guardrail.jpg〉〈https://creativecommons.org/licenses/by-sa/3.0/deed.ja〉

P149

Created by modifying "ディスペンパック" ©Ryan McBride(16 September 2006, 10:03)(Licensed under CC BY 2.0)〈https://commons.wikimedia.org/wiki/File:%E3%83%87%E3%82%A3%E3%82%B9%E3%83%9A%E3%83%B3%E3%83%91%E3%83%83%E3%82

%AF_(247989758).jpg〉〈https://creativecommons.org/licenses/by/2.0/deed.ja〉

P160

Created by modifying "Actress Clara Bow in the 1920s" ©D.D.Teoli Jr.(1920s)(Licensed under CC-BY-SA-4.0)〈https://commons.wikimedia.org/wiki/File:Clara_Bow_%2720s.jpg〉〈https://creativecommons.org/licenses/by-sa/4.0/deed.ja〉

P177

Created by modifying "Pushing a Tram Car in Japan" ©A.Davey from Portland, Oregon, EE UU(1June 1915, 00:00)(Licensed under CC BY 2.0)〈https://commons.wikimedia.org/wiki/File:Pushing_a_Tram_Car_in_Japan_(1915-06_by_Elstner_Hilton).jpg〉〈https://creativecommons.org/licenses/by/2.0/deed.ja〉

P183

Created by modifying "Zhenbao Island" ©TowerCard(Taken on 18 August 2011)(Licensed under CC BY-SA 3.0)〈https://commons.wikimedia.org/wiki/File:%E4%BB%8E%E9%AB%98%E5%A4%84%E4%BF%AF%E8%A7%86%E7%8F%8D%E5%AE%9D%E5%B2%9B_-_panoramio.jpg〉〈https://creativecommons.org/licenses/by-sa/3.0/deed.ja〉

P234

Created by modifying "Mandela voting in 1994" ©Paul Weinberg(April 1994)(Licensed under CC BY-SA 3.0)〈https://commons.wikimedia.org/wiki/File:Mandela_voting_in_1994.jpg〉〈https://creativecommons.org/licenses/by-sa/3.0/deed.ja〉

P254

Created by modifying "Booba-Kiki" ©Monochrome version 1 June 2007 by Bendž, Vectorized with Inkscape --Qef (talk) 21:21,23 June 2008 (UTC)(Licensed under CC BY-SA 3.0)〈https://commons.wikimedia.org/wiki/File:Booba-Kiki.svg〉〈https://creativecommons.org/licenses/by-sa/3.0/deed.ja〉

見出し語の索引

か

蠱惑(こわく)……208
コンコルド効果……248
ごんべん……112

さ

洒涙雨／灑涙雨(さいるいう)……223
サイレン・ラブ……153
豺狼(さいろう)……72
さくい……142
ざっかけない……142
薩摩守(さつまのかみ)……95
蹉跌(さてつ)……56
ざまく……148
鞘当(さやあて)……183
三下(さんした)……93
残心……67
三助……175
ざんない……141
三バン……119
滋賀県人いじめると水道が止まる……32
弑逆(しぎゃく)……74
試金石……91
事後諸葛亮……135
自己責任……93
指嗾(しそう)……59
時代精神……227
したもい……212
桎梏(しっこく)……58
篠突(しのつ)く雨……221
東雲(しののめ)……203
地見屋(じみや)……120
下総(しもうさ)の炒(い)り倒れ……18
口さがない……214
口幅(くちはば)ったい……214
颶風(ぐふう)……222
雲路(くもじ)……216
暗事(くらごと)……197
ぐりはま……17
黒詐欺……115
くんろく……118
荊棘(けいきょく)……61
警句……87
傾国(けいこく)……185
傾城(けいせい)……185
径庭(けいてい)……63
鯨波(げいは)……206
閨房(けいぼう)……187
闃(げき)……208
檄を飛ばす……89
けとばし……125
ゲラ……121
外連(けれん)……90
狷介(けんかい)……58
現金係……152
賢馬(けんば)ハンス効果……237
嚆矢(こうし)……64
公正世界仮説……242
高等……174
行旅(こうりょ)死亡人……73
黒甜郷(こくてんきょう)……202
木暗(こぐら)い……142
こたつでフグ汁……18
蠱毒(こどく)……63
木下闇(このしたやみ)……204
小股の切れ上がった……195

た

な

ま

は

ら

わ

や

杉岡幸徳（すぎおかこうとく）

作家。兵庫県生まれ。東京外国語大学卒業。異端なもの、アウトサイダーなものを深く愛し、執筆活動を続けている。著作に『奇妙な漢字』『奇妙な四字熟語』（ポプラ新書）、『世界の性習俗』（角川新書）、『世界奇食大全 増補版』（ちくま文庫）、『大人の探検 奇祭』（実業之日本社）など多数。

ウェブサイト https://sugikoto.com/

死ぬまで使わない日本語

2024年12月1日 初版発行
2025年1月17日 2刷発行

著者 **杉岡幸徳**
発行者 **太田 宏**
発行所 **フォレスト出版株式会社**
〒162-0824
東京都新宿区揚場町2-18白宝ビル7F
電話 03-5229-5750（営業）
03-5229-5757（編集）
URL http://www.forestpub.co.jp

印刷・製本 **中央精版印刷株式会社**

ISBN978-4-86680-819-2 Printed in Japan